Jürgen Beushausen

Traumata in familiären Kontexten

Jürgen Beushausen

Traumata in familiären Kontexten

Hinweise für die Traumaberatung

Verlag Barbara Budrich
Opladen • Berlin • Toronto 2023

Bibliografische Information der Deutschen Nationalbibliothek
Die Deutsche Nationalbibliothek verzeichnet diese Publikation in der Deutschen Nationalbibliografie; detaillierte bibliografische Daten sind im Internet über https://portal.dnb.de abrufbar.

Dieses Buch enthält in einzelnen Abschnitten der Kapitel 4.4 (61–64, Original: 111–114), 6.1 (83–89, Original: 152–157), 6.4 (105, 107f., Original: 214, 218f.), 6.5 (110–116, Original: 124–130) und 6.6 (118–123, Original: 219–226) Ausführungen aus dem Buch "Traumaberatung in psychosozialen Arbeitsfeldern. Eine Einführung für Studium und Praxis." (2021), Jürgen Beushausen, Andreas Schäfer.

Gedruckt auf säurefreiem und alterungsbeständigem Papier.

www.budrich.de

ISBN 978-3-8474-2725-4 (Paperback)
eISBN 978-3-8474-1896-2 (PDF)
DOI 10.3224/84742725

Umschlaggestaltung: Johannes Gündel, Kleinmachnow
Titelbildnachweis: David_Sch @ istock
Satz: Angelika Schulz, Zülpich
Druck: docupoint GmbH, Barleben
Printed in Germany

Inhaltsverzeichnis

Abbildungs- und Tabellenverzeichnis

1 Einleitung

Die Bedeutung eines Traumas ist für den betroffenen Menschen, aber auch für seine Familienmitglieder erheblich.[1] Ein Trauma bedingt, auch wenn es sich nicht in der Familie ereignet hat, eine der massivsten Krisen, die ein System erleben kann. Die Interaktionen und Kommunikationen und der Umgang mit Stress innerhalb der Familie werden durch eine Traumafolgestörung massiv geprägt. Hierauf hat sich auch die psychosoziale Arbeit einzustellen, denn nicht nur die traumatisierte Person benötigt ein unterstützendes und korrigierendes Umfeld, sondern auch die wichtigen Bezugspersonen. Menschen sind nicht alleine krank, gesund oder traumatisiert. Insbesondere soziale und emotionale Unterstützung sind wichtige Schutzfaktoren gegen die Entwicklung und Chronifizierung von Traumafolgestörungen und zudem in einem umfassenden integrativen Konzept hilfreich bei der Bewältigung von Traumata. Psychosoziale Fachkräfte benötigen daher umfangreiche Kenntnisse über die Bedeutungen und Auswirkungen von Traumata, Kompetenzen in der Einschätzung von Traumata, Kenntnisse der Krisenintervention (bspw. bei akuten

1 So würden fast die Hälfte der Kinder in den Vereinigten Staaten (annähernd 35.000.000), so Furrow et al. (2022), mindestens eine Form eines schweren Kindheitstraumas erleben. Weitere Studien so die Autor*innen, würden nahelegen, dass zehn Prozent der Jugendlichen mehr als 15 Formen der Viktimisierung erlebt haben. Multipel traumatisierte Kinder mit unsicherer Bindung, deren Bindungspersonen emotional nicht verfügbar sind, hätten ein höheres Risiko, signifikante psychische Langzeitsymptome zu entwickeln. Die Prävalenz von sexueller Gewalt wurde (Stoltenborgh et al. 2015) auf 12,7 % geschätzt, wobei Mädchen häufiger betroffen sind als Jungen (18,0 % vs. 7,6 %). Körperliche Gewalt erleben nach diesen Übersichtsstudien im Durchschnitt 22,6 % der Kinder und emotionale Gewalt 36,3 %. Körperliche Vernachlässigung wird bei 16,3 % der Kinder weltweit konstatiert und emotionale Vernachlässigung bei 18,4 %.
Für Deutschland schätzen Witt et al. (2017) die Prävalenz so ein, dass 7,6 % sexuelle Gewalt (11,3 % Mädchen, 3,4 % Jungen), 6,7 % körperliche Gewalt, 6,5 % emotionale Gewalt, 22,5 % körperliche Vernachlässigung und 13,3 % emotionale Vernachlässigung erlebten.

Selbst- oder Fremdgefährdungen) und in der Vermittlung von stressreduzierenden Bewältigungsformen. Psychosoziale Helfer*innen sind bedeutsam für die Psychoedukation und die Stabilisierung der Betroffenen und der Familienmitglieder. Insgesamt wird also ein Verständnis benötigt, Prozesse geduldig auch langfristig zu begleiten, immer wieder emotionsregulierend zu unterstützen und dahinterstehende Bedürfnisse zu erkennen. Bei alldem ist immer wieder der Blick auf die Ressourcen und die Bewältigungsmöglichkeiten zu richten.

Für ein Verständnis dieser Prozesse ist ein integratives biopsychosoziales Konzept[2] nützlich. Psychosoziale Tätigkeiten gründen sich (für mich) auf ein biopsychoökosoziales Menschenbild, in dem der Mensch ganzheitlich betrachtet wird. Dieses Modell bildet die Grundlage für die folgenden Ausführungen. Dies zeigt sich insbesondere in einem integrativen, umfassenden Einsatz unterstützender Hilfen bei den Betroffenen und ihren Umwelten, hier durch Familienangehörige.

In der Traumafachliteratur, insbesondere in der über die Traumatherapie, wird meist eine individualisierte Perspektive eingenommen. Die Helfer*innen fokussieren sich in der Regel auf den traumatisierten Menschen und nur sehr wenig auf das soziale Umfeld.[3] Auch das Prinzip der individuellen Kostenübernahme für eine „Einzelfallhilfe" beeinflusst diese Zentrierung. Besonders wenig werden Auswirkungen eines Traumas auf die Paarbeziehungen beachtet.[4]

2 Dieses Modell wurde bereits Ende der 1970er-Jahre vom Medizintheoretiker G. L. Engel geprägt. Demnach sind biologische, psychologische und soziale Faktoren in ihren komplexen Wechselwirkungen bei der Entstehung und Aufrechterhaltung von Krankheiten zu berücksichtigen. Die Einheit von Körper (Leib), Psyche und sozialem Kontext wird als anthropologische Grundkonstante verstanden. Der Leibbegriff ist umfassender als der Körperbegriff, er bezieht sich auf den belebten, mit Bewusstsein ausgestatteten, vom Subjekt erlebten Körper (Petzold 1993). Die soziale Ebene schließt das ökologische, die Lebenswelt und die Umwelten mit ein. Umwelt wird als eine vom Menschen aktiv zu gestaltende Lebenswelt verstanden, wobei die Zerstörungen der Lebensbedingungen des Menschen thematisiert werden müssen.

3 Die Bedeutungen von Traumatisierungen in familiären Kontexten thematisieren insbesondere Korittko und Pleyer (2016).

4 Eine Ausnahme bildet z.B Klees (2018).

Traumatische Prozesse eines Familienangehörigen lassen sich als Co-Traumatisierung oder Mittraumatiserung bezeichnen, hierbei handelt es sich um Bewältigungsversuche, die nach einem Trauma durch kommunikative Prozesse entstehen. Wenn Stressfaktoren die Belastungsgrenze der Familienmitglieder über längere Zeit überschreiten, ergeben sich Bewältigungs- und Lösungsversuche, die rückbezüglich miteinander wirken und dazu führen, dass eventuell mehrere Personen als traumatisiert bezeichnet werden können.

Bei einer Mittraumatisierung bzw. Sekundären oder übertragenen Traumatisierung entwickeln die Familienmitglieder oder auch andere Personen (z.B. Mitschüler*innen, Freund*innen oder Arbeitskolleg*innen) unterschiedliche problematische Phänomene, die zu den verschiedensten (familiären) Mustern und Dysfunktionen führen können. Daher sollte grundsätzlich davon ausgegangen werden, dass Traumatisierungen einer Person sich belastend auf andere auswirken und zu Einschränkungen bei anderen Personen des jeweiligen Netzwerkes führen können, und zwar unabhängig davon, ob sie dieses Trauma real gemeinsam erlebt haben oder nicht. Dies bedeutet für die psychosoziale Praxis auch, dass die traumatischen Belastungen der Angehörigen rekursiv die „Heilung" des besonders betroffenen Menschen negativ beeinflussen können, denn Genesung kann eher erfolgen, wenn Ressourcen aktiviert werden und die Kommunikation „nicht gestört" ist.

Daher ist es sehr bedeutsam, dass alle psychosozialen Helfer*innen mehr Informationen über das Phänomen einer Mittraumatiserung[5] erhalten und ihren Blick und ihre Interventionen insgesamt auf das Netzwerk der traumatisierten Person richten. Bisher können Angehörige und andere Personen zwar grundsätzlich Hilfestellungen erhalten, jedoch wird die Problematik einer Mittraumatisierung meist nicht explizit thematisiert. Daher erhal-

5 Figley (1995) führte die Bezeichnung einer Mittraumatisierung (Compassion fatique) ein, mit dem das Gefühl einer tiefen Sympathie für einen Menschen beschrieben wird, der von Leiden und Unglück betroffen ist. Da sich in der Fachliteratur und der Praxis für die hier beschriebenen Prozesse kein alleiniger Begriff durchgesetzt hat, werden diesem Beitrag je nach Kontext die Begriffe Sekundäre Traumatisierung, emotionale Ansteckung, Mittraumatisierung und Co-Traumatisierung genutzt.

ten diese Personenkreise häufig nur sehr eingeschränkten Zugang zu Hilfeleistungen. Es ist deshalb Aufgabe der Helfer*innen in den psychosozialen Arbeitsfeldern, solche Prozesse achtsam zu bedenken und entsprechende Angebote psychosozialer Hilfen für die verschiedensten Gruppen (Angehörigengespräche, Familienberatung[6], Peergroupeinbezug, Gespräche mit Arbeitskolleg*innen etc.) bereitzustellen. Die psychosozialen Fachkräfte sind somit insgesamt gefordert, ihre Haltungen zu überdenken und aktiaktiver zu intervenieren.

Traumata im familiären Kontext lassen sich in unterschiedlicher Weise unterscheiden:

- Durch von außen kommende Ereignisse, wie Überfälle, Naturkatastrophen, Unfälle, Tierangriffe, schwere Erkrankungen, Bürgerkriegsangriffe etc. kann ein Familienmitglied als Opfer betroffen sein. Hier handelt es sich um eine individuelle Systemtraumatisierung, bei der die Familie mitbetroffen ist.
- Mehrere Familienmitglieder sind durch unterschiedliche Ereignisse außerhalb der Familie traumatisiert (z.B. ein Elternteil durch ein Entwicklungstrauma, ein Elternteil durch einen Unfall, ein Kind durch eine schwere Krankheit).
- Subsysteme der Familien sind traumatisiert, z.B. zwei Söhne durch körperliche oder sexuelle Gewalt.
- Die gesamte Familie ist durch ein Ereignis traumatisiert (z.B. durch einen Unfall, einen gewaltsamen Einbruch), hier liegt eine parallele Traumatisierung vor.
- Familienangehörige können durch aktives Handeln, durch ihr Mitwissen oder Zulassen mittels körperlicher und/oder sexualisierter Gewalt und/oder Vernachlässigung zum Täter/zur Täterin werden, hier handelt es sich bei den Kindern und Jugendlichen um eine Entwicklungstraumatisierung.
- Erwachsene traumatisierte Menschen prägen durch ihre Erlebnisse ihre Partnerschaft, wobei massive Probleme insbesondere dann auftreten, wenn beide Partner*innen in ihrer Lebensgeschichte schwer traumatisiert wurden.

6 Familientherapeut*innen und psychosoziale Fachkräfte nutzen in diesem Fall Vorgehensweisen, welche die interaktionellen Muster unterbrechen bzw. die Beziehungsgestaltung beeinflussen.

- Familienmitglieder sind durch mehrere Erlebnisse, die einzeln gesehen nicht zu einer Traumafolgestörung führen, traumatisiert (kumulative Traumata). Diese traumatisierten Erwachsene sind häufig in ihrem feinfühligen Verhalten beeinträchtigt und haben daher möglicherweise Probleme, ihre Kinder gut zu binden.
- Traumatisierungen wirken durch eine transgenerationale (epigenetische) Weitergabe in den nächsten Generationen.

Diese Aufzählung verdeutlicht, wie vielfältig und in unterschiedlicher Schwere die auftretenden Probleme sein können. Für die psychosozialen Fachkräfte bedeutet dies, dass sie mit sehr unterschiedlichen, meist komplexen Problematiken konfrontiert werden und daher unterschiedlichste Unterstützungen anbieten sollten. In diesem Buch sollen Aspekte der umfangreichen Problematiken im Kontext von Trauma und Familie erörtert werden. Traumatisierte Personen haben oft Kontakt zu Fachkräften aus den verschiedensten Institutionen. Dies sind beispielsweise für die betroffenen Kinder Personen in der Frühpädagogik, in der Schule, in Jugendzentren, in der stationären Kinder- und Jugendhilfe oder für die Erwachsenen Helfer*innen in allgemeinen Ehe- und Lebensberatungsstellen, Frauenhäusern, der Straffälligenhilfe, dem Jugendamt oder im Kontext des ambulant betreuten Wohnens.[7] Traumaberatung benötigt einerseits spezielle Kenntnisse, andererseits sind Fachkräfte in unterschiedlichsten psychosozialen Professionen diejenigen, mit denen die Betroffenen in Kontakt kommen. Daher ist es günstig, wenn sie von diesem Fachkräften Unterstützungen erhalten. Dies kann die Kontaktaufnahme, eine Vermittlung in spezielle Institutionen oder an Psychotherapeut*innen, eine Beratung, einschließlich einer Psychoedukation für die Familienmitglieder, Hilfen zur Stabilisierung oder zur Emotionsregulierung beinhalten.

Allerdings können Traumatisierungen auch die Helfer*innen stark herausfordern oder auch belasten. Oftmals beinhaltet die Arbeit mit diesem Personenkreis den Umgang mit massiven Übertragungs- und Gegenübertragungsphänomen. Sie benötigen daher

7 In diesem Buch wird auf die Traumapädagogik, die einen besonderen Stellenwert in der stationären Kinder- und Jugendhilfe hat, ebenso wenig wie auf verschiedenste Formen der Traumatherapie eingegangen.

eine hohe Selbstreflexion und sollten daher ihre Belastungsgrenzen und die damit verbundene Psychohygiene im Blick behalten.

Nach dieser Einleitung wird ein Überblick über Traumata gegeben und in einem Exkurs das Phänomen einer Sekundären Traumatisierung erörtert Im Anschluss werden Auswirkungen auf die Paarproblematik und auf die familiäre Dynamik, hier in Form von typischen familiären Problemmustern, beschrieben. In einem ersten Exkurs werden „klassische" systemische Perspektiven aus den 1990er-Jahren zusammengefasst. Diese noch immer aktuellen Problembeschreibungen bieten Modelle zum Verständnis der familiären Dysfunktionen, aus denen sich hilfreiche Interventionen für die Beratung ableiten lassen. Zudem wird die transgenerationale Weitergabe von Traumata erörtert. Im fünften Kapitel werden Hinweise für die Beratung gegeben und u.a. das sogenannte Traumaviereck nach Hantke und Görges (2012) diskutiert. Im Anschluss werden biopsychosoziale Interventionen und Techniken thematisiert, dies beinhaltet Hinweise bei akuten Traumatisierungen und Krisen, für die Psychoedukation, die Stabilisierung und die Emotionsregulierung. Im siebten Kapitel wird ein Fallbeispiel aus einem weiteren Kontext der Hilfen, der stationären Kinder- und Jugendhilfe, angefügt. Das Buch schließt mit Anmerkungen zur „Opferproblematik" und der gesellschaftlichen Verantwortung sowie einer Zusammenfassung.

Anzumerken ist noch: In diesem Text werden Kenntnisse der Fachliteratur zum Zusammenhang zwischen familiären Problemen und einer Traumatisierung eines Familienmitgliedes vermittelt. Auch wenn weitere Personen, z.B. weitere Verwandte, Freund*innen, Arbeitskolleg*innen, betroffen sein können, wird in diesem Beitrag lediglich auf Traumata im Kontext der engeren Familie eingegangen. Viele der hier beschriebenen Phänomene lassen sich jedoch auch auf andere mitbetroffene Personen und Systeme beziehen.

2 Ein kurzer Überblick über Traumata

In diesem Kapitel wird einleitend ein kurzer Überblick über Traumata und Traumafolgestörungen gegeben.[8]

Traumatisierungen sind extreme Stimulierungssituationen (kurz oder sequenziell verlängert), in der das ‚personale System', die Persönlichkeit, eine existenzbedrohende, ohnmächtig machende, überwältigende und überlastende Wirkung (Hyperstress) erlebt. Traumatisierungen können durch extreme Über- oder Unterstimulierungen erfolgen, wie z.B. durch Vernachlässigung, Unfälle, Krankheiten, Überfälle, Gewalt, extreme Isolationshaft etc. Dabei beeinträchtigen Traumatisierungen psychisch, sozial und immer auch durch intensive körperliche Prozesse (z.B. psychosomatische Reaktionen, Störungen der Atem- und Tonusregulation, Dysregulationen des neurohumoralen und immunologischen Systems, mit den damit einhergehenden Gefühlen/Stimmungen, Gedanken, Willensimpulsen) (siehe Petzold 2022).

Während im Alltag der Begriff Trauma oft bereits allgemein für geringe Belastungen benutzt wird, beschreibt das US-amerikanische DSM-System (Diagnostisches und Statistisches Manual psychischer Störungen) Traumata als Ereignisse, die eine Konfrontation mit dem Tod, schwerer Verletzung oder sexueller Gewalt beinhalten. Die Konfrontation kann sich in Form einer direkten Erfahrung, persönlicher Zeugenschaft in der nahen Familie oder bei nahen Freund*innen sowie wiederholter Konfrontation mit aversiven Details ereignen (z. B. im Kontext des Berufs). Der Begriff Trauma bedeutet „Verletzung" oder „Wunde", wobei in diesem Kontext meist seelische Wunden[9] gemeint sind. Für

8 Siehe vertiefend z.B. Huber 2020, Fischer, Riedesser 2020, Seidler et al. 2019, van der Kolk 2019, Eichenberg, Zimmermann 2017, Beushausen, Schäfer 2021.

9 Hier soll eine Kritik von Huber (2020) aufgenommen werden, die darauf verweist, dass nicht das Ereignis ein Trauma ist, sondern das Trauma besteht in der Wunde, die durch die Reaktionen des Menschen auf extrem stressreiche Ereignisse entsteht. Traumata sind dann jeweils an den Symptomen erkennbar

Fischer und Riedesser (2020) sind Traumata durch ein vitales Diskrepanzerlebnis zwischen bedrohlichen Situationsfaktoren und den individuellen Bewältigungsmöglichkeiten gekennzeichnet, das mit Gefühlen von Hilflosigkeit und schutzloser Preisgabe einhergeht und so eine dauerhafte Erschütterung von Selbst- und Weltverständnis bewirkt.

Nach einem traumatischen Ereignis kann es zu einer akuten Belastungsreaktion kommen, bei der in der Regel die Symptome sich innerhalb weniger Stunden oder Tage wesentlich verringern, da der Organismus in der Lage ist, Selbstheilungsprozesse zu aktivieren. Zu den typischen Symptomen zählen wechselnde affektive Zustände nach anfänglicher Betäubung, Überaktivität, teilweise desorganisiertes Verhalten, dissoziative Zustände, einschließlich scheinbar unangemessener Gelassenheit, vegetative Reaktionen wie Unruhe, Schwitzen, Übelkeit. Das sind normale Reaktionen auf eine belastende Situation, die aus medizinischer Perspektive keiner Therapie bedürfen.

Traumatische Ereignisse fragmentierten und desorganisieren das Gedächtnis. Gleichzeitig werden die Kontextualisierung und die bewusste, verbale Verarbeitung der traumatischen Erfahrung erschwert. Normale und traumatische Erinnerungen lassen sich wie folgt charakterisieren (Frommberger et al. 2023: 26). „Normale“ Erinnerungen verblassen mit der Zeit, die Gefühlsbeteiligung ist moderat, zeitlich und räumlich klar definiert, die Erinnerungen können biografisch eingebunden werden und sind emotional kaum triggerbar. „Traumatische“ Erinnerungen sind hingegen durch Albträume, Intrusionen und Hypermnesie geprägt, es zeigt sich eine exzessive emotionale Beteiligung mit fragmentarischen Erinnerungen in einem verzerrten Raum-Zeit-Gefühl und im Hier-und-Jetzt- Erleben. Diese Erinnerungen sind leicht triggerbar.

Bei einer massiven Belastung kommt es zu Traumafolgestörungen, meist einer Posttraumatischen Belastungsstörung (PTBS). Hier verschwinden die charakteristischen Symptome nicht innerhalb weniger Stunden oder Tage, sondern dauern über einen längeren Zeitraum an und gehen einher mit Symptomen wie intrusives Wiedererleben der traumatischen Situation, Vermeidung so-

und eine Besserung später daran, ob eine Symptomverbesserung bzw. eine Auflösung der Symptome erfolgt.

wie Übererregung. Weitere typische Kennzeichen sind belastende Gedanken (es kommt zu Flashbacks, bei denen beängstigende Erinnerungen an das Erlebte auftreten). Bei Kindern sind dies oft auch wiederkehrende Albträume. Die Übererregbarkeit lässt die Betroffenen schlecht schlafen, oft können sie sich nicht gut konzentrieren und/oder sie sind reizbar und impulsiv. Betroffene Kinder leben bspw. in ständiger Alarmbereitschaft und reagieren stark auf Reize, die sie an das Geschehen erinnern, z.B. bestimmte Gerüche, Bilder oder Geräusche. Typisch ist ein Vermeidungsverhalten, bei der Situationen, Aktivitäten, Orte, Gedanken oder Menschen, die mit dem traumatischen Erleben in Verbindung stehen, vermieden werden. Viele Personen ziehen sich zurück oder verlieren das Interesse an Dingen, die ihnen früher wichtig waren. Meist werden schwer erträgliche Erfahrungen verdrängt oder dissoziiert, sodass sich die betroffene Person nicht an wichtige Teile des dramatischen Geschehens erinnern kann. Menschen mit einer komplexen Posttraumatischen Belastungsstörung fällt es häufig schwer, vertrauensvolle Beziehungen einzugehen, Selbst- und Fremdwahrnehmung sind häufig stark beeinträchtigt, und es fällt ihnen schwer, ihre Gefühle zu regulieren.

All diese Reaktionen haben eine Schutzfunktion, somit hat auch „unangemessenes" Verhalten einen guten Grund. So können beispielsweise starke Aggressionen ein Zeichen dafür sein, dass Gefühle nicht anders reguliert werden können.

Kinder und Jugendliche können sehr vielfältige Symptome aufweisen, so können bspw. jüngere Kinder sich ängstlich, aggressiv, hyperaktiv verhalten, über Schlafprobleme klagen oder sich sehr zurückziehen. Manche Kinder spielen das Erlebte immer wieder symbolisch durch, wobei das Spiel eher lustlos und gequält wirkt. Das Trauma kann auch dazu führen, dass in der Entwicklung Rückschritte gemacht werden. Ältere Kinder und Jugendliche können ihre Beschwerden konkreter beschreiben. Häufig werden leibliche Beschwerden ohne körperliche Ursache benannt. Bei Jugendlichen kann ein Trauma auch zu Selbstverletzungen, Suizidgedanken oder Suchtverhalten führen. Zu beachten ist jedoch: Nicht jedes Symptom ist ein Zeichen für ein Trauma! Kinder wachen z.B. mit schlimmen Träumen auf oder Jugendliche ritzen sich aus anderen Gründen,

Traumata werden nach der Schwere und der Art der traumatischen Ereignisse gegliedert. Dabei werden Ereignisse, die einmalig und überraschend eintreten, dem Trauma-Typ-I zugeordnet (z.B. eine Gewalttat oder ein Unfall), wohingegen länger andauernde und wiederholende Ereignisse dem Trauma-Typ-II entsprechen (z.B. wiederholte sexuelle Gewalt, anhaltende Vernachlässigung[10]).

Unterschieden werden traumatische Ereignisse auch nach Ursachenzuschreibungen, zum einen akzidentelle Traumata, also Vorkommnisse, die nicht durch den Menschen hervorgerufen werden, und zum anderen interpersonellen Traumata, die direkt durch den Menschen bewusst und absichtlich verursacht werden. Traumatisierende Erlebnisse wie Naturkatastrophen oder zufällig stattfindende Ereignisse können vom Menschen meist besser verarbeitet werden als interpersonelle Traumata.

Zu beachten ist: Die Bewertung eines Traumas ist beeinflusst durch die unterschiedliche öffentliche Wahrnehmung. So wurde über Jahrzehnte (und wird zum Teil immer noch) körperliche und sexuelle Gewalt bagatellisiert. Manche traumatischen Situationen erhalten zu wenig Aufmerksamkeit. Hierzu gehören die Gewalt an Strafgefangenen in JVAs, Gewalt zwischen Geschwistern, Gewalt von Kindern gegenüber den Eltern und traumatische Erfahrungen in Krankenhäusern, nach Unfällen oder Operationen sowie bei Krankenhausaufenthalten dementer Personen.

Die Prävalenz der PTBS ist abhängig von der Art des traumatischen Ereignisses. Sie beträgt nach Bering et al. (2016: 41):

- circa 50% Prävalenz nach Vergewaltigung,
- circa 25% Prävalenz nach anderen Gewaltverbrechen,
- circa 50% bei Kriegs-, Vertreibungs- und Folteropfern,
- circa 10% bei Verkehrsunfallopfern,
- circa 10% bei schweren Organerkrankungen (Herzinfarkt, Malignome),
- unter 10% bei Naturkatastrophen.

10 Zu wenig Beachtung finden oftmals kumulative Mikrotraumata, z. B. durch wiederholte Erfahrungen der Kränkung, Entwertung, fehlender Geborgenheit, wiederholter Trennung oder des Verlusts und des Alleingelassen-Werdens.

Tabelle 1: Klinische Einordnung von Traumafolgestörungen nach Komplexitätsgraden (Schellong 2022: 72)

Trauma-folge-störung	**Bezeichnung**	**Symptomatik**
Grad I	»Klassische PTBS«	Intrusionen, Vermeidungsverhalten und/oder Numbing, Hyperarousal ohne Komorbidität psychischer Erkrankung
Grad II	PTBS, (KPTBS) oder partielle PTBS »plus« traumakompensatorische Symptomatik	»plus« Komorbidität, z.B. Angst, Depression, Somatisierung, Abhängigkeitserkrankungen, Depersonalisation/Derealisation, Phobien, Zwangssymptome, sonstige kompensatorische Symptome
Grad III	PTBS, KPTBS oder partielle PTBS »plus« persönlichkeitsprägende Symptomatik	»plus« Schwere emotionale Instabilität, dissoziative Symptomatik, Bindungs-/Beziehungsstörungen, verändertes Selbst- und Weltbild
Grad IV	KPTBS, PTBS oder partielle PTBS »plus« komplexe dissoziative Symptomatik	»plus« Amnesien, Teilidentitätsstörungen, Identitätswechsel

Schellong (2022) stellt einen Vorschlag zu einer erweiterten Klassifikation von Traumafolgestörungen vor, mit der sich komplexe Posttraumatische Belastungsstörungen differenzieren lassen (s. Tabelle 1).

Grad I dieser Einteilung entspricht der Posttraumatischen Belastungsstörung nach dem ICD 10 und ICD 11 und dem DSM 5 als Folgereaktion auf traumatische Ereignisse, die an der eigenen Person, aber auch an fremden Personen erlebt werden können. In Grad II werden zudem eine Traumafolgestörung (inklusive partielle) „plus" einer traumakompensatorischen Symptomatik beschrieben. Die Autorin verweist hierauf, dass komorbide Diagnosen sich bei 85-80 % der Männer und 70-80 % der Frauen konstatieren lassen. Die wichtigsten komorbiden Krankheitsbilder sind Angststörungen, depressive Störungen, somatoforme Störungen, dissoziative Störungen und Suchterkrankungen. In Grad III findet sich zusätzlich noch eine persönlichkeitsprägende Symptomatik, geprägt überwiegend durch eine Störung der Beziehungsfähigkeit, wie sie auch bei der Borderline-Persönlichkeitsstörung häufig konstatiert wird. Bei diesem Krankheitsbild finden sich insbesondere externalisierte Verhaltensweisen wie Wut, Aggression, Impulsivität und Enthemmung oder im Kontext einer Internalisierung vermeidende Persönlichkeitszüge wie hochgradige Angst, depressive oder schizoide Symptomatik. Bei dieser Form stehen, so Schellong (2022), die Behandlung der Bindungsstörung und die Förderung der Beziehungsfähigkeit lange Zeit im Vordergrund. Bei Grad IV findet sich zusätzlich eine komplexe dissoziative Symptomatik. Prädiktoren für diese Problematik sind einerseits das Erleben völliger Ohnmacht und Hilflosigkeit und andererseits das Vorhandensein einer „peritraumatischen Dissoziation", in der unerträgliche Erlebensinhalte nicht bewusst wahrgenommen, sondern vom persönlichen Erinnerungserleben abgespalten werden. Diese komplexe dissoziative Symptomatik greift erheblich in die Kontinuität des Identitätserlebens einer Person ein. Bei diesem Krankheitsbild handelt es sich um eine besonders schwere Form einer komplexen Posttraumatischen Belastungsstörung (KTBS[11]). Dies betrifft Traumata, die durch den Menschen verursacht wurden und dem Typ-II-Traumata zugeordnet werden können. Nach Hecker und Maercker (2015: 554) sind hier typisch eine

- „anhaltende und tiefgreifende Probleme der Emotionsregulation (verstärkte emotionale Reaktivität, Affektverflachung, gewalttätige Durchbrüche),
- negatives Selbstkonzept (Überzeugung, minderwertig, unterlegen oder wertlos zu sein, Schuldgefühle, Schamgefühle),
- Probleme in zwischenmenschlichen Beziehungen (Schwierigkeiten, Beziehungen aufzubauen und aufrechtzuerhalten)."

11 Beschrieben wurde diese Traumafolgestörung erstmals durch die amerikanische Psychiaterin und Traumaforscherin Judith Herman im Jahr 1992 (vgl. Schäfer, Lotzin 2019).

Dissoziationen[12] sind, wie bereits kurz benannt, für traumatisierte Menschen bedeutsam. Diese „Erstarrung" lässt sich nach Huber (2020) mit dem Bild der traumatischen Zange illustrieren. Sobald der Mensch in seinem Trauma gefangen ist, erstarrt er vor Schreck und schaltet in den Notfallzustand (vgl. Korittko 2019: 33). Abbildung 1 verdeutlicht diese Zusammenhänge.

In dem Augenblick, wo der Mensch eine traumatische Situation erlebt, ist das Gehirn bemüht, die aversiven Reize bestmöglich zu beenden. Dabei entsteht die für „ein Trauma kennzeichnende Situation – No flight, no fight – die jetzt diejenigen Maßnahmen des Gehirns aufruft, die notwendig sind, um in der aktuellen Situation psychisch überleben zu können [...]" (Scherwath, Friedrich 2012: 20). Hierfür verwendet das Gehirn den Totstellreflex. Dadurch distanziert sich der Mensch von der bedrohlichen Situation, und gleichzeitig dissoziiert er sich von den eigenen Wahrnehmungen. Durch das Erstarren wird die Verarbeitung des traumatischen Ereignisses erschwert, wodurch im Nachgang zumeist nur noch Bruchstücke der Situation im Gedächtnis verbleiben. Betroffene können deshalb nur unmittelbar nach dem Ereignis schildern, dass etwas vorgefallen ist, jedoch nicht sagen, was genau passiert ist (vgl. Gräbener 2013). Durch die Komposition aus Derealisation und Depersonalisation entsteht eine Art Fragmentierung, die die einzelnen Wahrnehmungsdetails verschwinden lässt (Scherwath, Friedrich 2012).

12 Dissoziation meint im Wortsinn ein Auseinandernehmen, Nichtverbinden, Distanzieren von etwas. Aktuelle Konzepte zum Verständnis dieser Phänomene gehen auf Pierre Janet zurück, der bereits 1893 die Dissoziation als Verlust oder Einschränkung der integrativen Funktionen des Bewusstseins beschrieb und einen Zusammenhang mit real erlebten Traumata herstellte. Dissoziationen sind komplexe psychophysiologische Prozesse, bei denen es zu einer teilweisen oder völligen Desintegration und Fragmentierung des Bewusstseins und anderen psychischen Störungen kommt. Dies betrifft die Erinnerungen an die Vergangenheit, unmittelbare Empfindungen, die Wahrnehmung des Selbst und der Umgebung und das Identitätsgefühl. Bei auftretenden Dissoziationen kommt es im Gehirn zu besonders fragmentierten Abspeicherungen, bis hin zur völligen Abspaltung des Erlebten. Dissoziationen schützen Gehirnstrukturen, etwa die Amygdala, vor Übererregung. Das Erleben wird aufgespaltet und nicht mehr integriert.

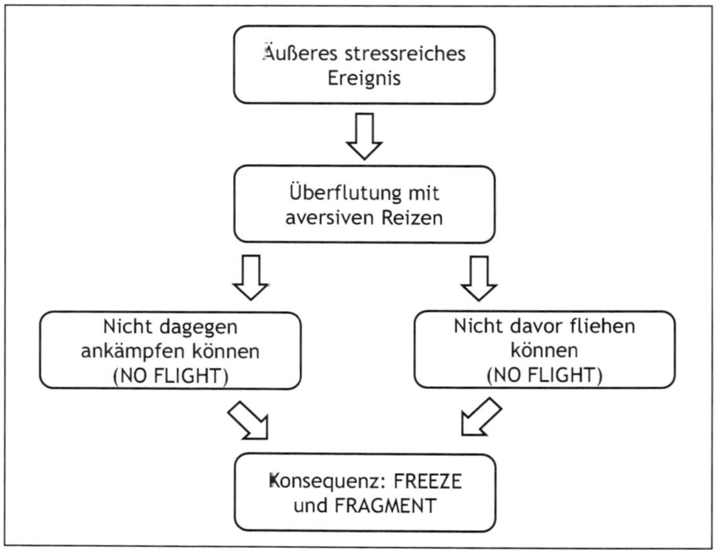

Abbildung 1: Die traumatische Zange (nach Huber zit. nach Gräbener 2013: 29)

Diese Prozesse führen zu verschiedensten Symptomen[13], zu denen insbesondere auch dissoziative Phänomene gehören. Da im Weiteren öfter auf diese Phänomene Bezug genommen wird, sollen diese zunächst näher beschrieben werden.

Dissoziationen gehören zum alltäglichen Leben. Oftmals geschieht dies unbewusst, indem die Gedanken einen anderen Fokus nehmen, wie z. B. bei Tagträumen. Problematische Dissoziationen sind der partielle oder vollständige Verlust der normalerweise gut funktionierenden Integration zwischen Erinnerungs- und Gedächtnissystemen, die die Vergangenheit, dass Bewusstheit der Identität, sensorische Empfindungen und die Kontrolle körperlicher

13 Allerdings gibt es keinen eindeutigen Zusammenhang zwischen der Art des Traumas und dem Ausmaß der zu erwartenden Störung, denn diese hängen von vielen individuellen und externen Faktoren ab. Die Ausprägung der Symptomatik ist auch wesentlich davon abhängig, wie sehr Grundbedürfnisse verletzt wurden und wie bedeutsame Personen nach dem Trauma reagieren.

Bewegungsmuster betreffen. In einem traumatischen Zustand reagieren unser autonomes Nervensystem und Gehirn auf eine Weise, die uns mittels eines dissoziativen Zustandes Handlungsfähigkeit ermöglichen soll. Gemeinsam ist der alltäglichen und der unter toxischem Stress stattfindende Dissoziation das manche Elemente der Wahrnehmung fokussiert, andere aus der Wahrnehmung weggedrückt oder verschoben werden (Huber 2020).

Huber (2020) unterscheidet die folgenden dissoziative Phänomene in Folge traumatischer Erfahrungen:

- emotionale Taubheit (numbing): ein Gefühl der Empfindungslosigkeit, das häufig auch Bestandteil depressiver Erkrankungen ist.
- Dissoziative Amnesie: a) biografisch; b) im Alltag – über die normale Vergesslichkeit hinaus. Wissen ist willentlich nicht zugänglich.
- Derealisation: Die Umgebung oder Teile davon können nicht adäquat wahrgenommen werden (z. B. akustisch: nichts hören oder hören, aber nichts verstehen) bei sonst normaler Funktion der Wahrnehmungsorgane.
- Depersonalisation: Das Selbst oder Teile davon können nicht adäquat wahrnehmen, z. B. Körperteile nicht fühlen; Schmerzlosigkeit; Neben-sich-Stehen; aus dem Körper „heraustreten" (Out-of-body-Erfahrungen) sind typisch. Eine unter traumatischem Stress erlebte Derealisation oder Depersonalisation im Sinne – „Es geschieht nicht wirklich, nicht mit mir, nicht jetzt" – hat eine Schutzfunktion. Problematisch wird es, wenn es nicht möglich wird, das Verdrängte wieder „hierbeizuassoziieren", da der Fokus nicht mehr auf das Bewusstsein gelenkt werden kann, wodurch die Verarbeitung des traumatischen Erlebnisses hinausgezögert wird.
- Fugue: sich körperlich von einem Ort an einen anderen begeben und sich dort wiederfinden und nicht wissen, wie man da hingekommen ist.
- Dissoziative Identitätsstörung: Hier übernehmen bei einer sehr schweren Traumatisierung eine oder mehrere Persönlichkeitszustände die Kontrolle über den Körper, oftmals verbunden mit einer Amnesie. Hierbei sind die Persönlichkeitszustände

individuell verschieden, verfügen jeweils über einen eigenen Willen und eigene Handlungsimpulse.[14]

Bezogen auf die Affekte und Kognitionen erschüttern traumatische Prozesse im Rahmen von Bewertungsprozessen Grundannahmen der Menschen, etwa den Glauben an eine gerechte, kontrollierbare, bedeutungsvolle Welt und die eigene Unverletzlichkeit. Zudem kann eine negative Bewertung des Traumas („Ich bin nirgends sicher“, „Ich habe selber daran Schuld“) zu einer anhaltenden Wahrnehmung von Bedrohung und Beschädigung führen und so die Posttraumatischen Symptome aufrechthalten. Traumatische Erlebnisse sind aber auch dadurch gekennzeichnet, dass ihre emotionalisierende Wirkung über die Situation des Traumas hinaus wirksam wird. Neben Angst, die während eines traumatischen Erlebnisses oftmals im Vordergrund steht, spielen insbesondere Scham, Ärger, Ekel, Schuld-, Rache- und Ungerechtigkeitsgefühle eine wichtige Rolle. Diese affektiven Erlebnisweisen zählen zu den sogenannten sozialen Affekten, da ihr Erleben immer in einem sozialen Bezugsrahmen stattfindet. Zudem führt dies häufig zu Störungen der Affekt- und Impulskontrolle, die sich z.B. in einem riskanten Verhalten im Straßenverkehr, in impulsivem Suchtverhalten, in Impulskäufen oder in stark schwankenden Gefühlen zu sich selbst oder anderen gegenüber zeigen.

In der Folge führt dies dazu, dass die Reaktion anderer – hier insbesondere auch das der Familienangehörigen – auf das Trauma einen starken Einfluss darauf haben kann, wie die Betroffenen das traumatische Ereignis interpretieren. Ein rücksichtsvoller Umgang mit Gefühlen bzw. Befindlichkeiten, eine liebe- und verständnisvolle Unterstützung durch nahestehende Personen sowie die Möglichkeit, in einer vertrauensvollen Atmosphäre über das Erlebte zu sprechen, ebenso wie Hochachtung vor der Bewältigungsleistung und Anerkennung des Erlittenen haben eine protektive Wirkung auf das posttraumatische Geschehen. Dahingegen kann eine distanzierte Haltung, aber auch gut gemeinte, allerdings nicht angemessene Fürsorge, einen Rückzug des*der Betroffenen „ansto-

14 Siehe zur Komplexen Traumafolgestörung (KPTBS) ausführlich Sack et al. 2022.

ßen“ und so die Traumaverarbeitung erschweren. Die soziale Wirklichkeit der Betroffenen beeinflusst somit die interpersonellen Prozesse und steht gleichzeitig in engem Wechselspiel mit intrapsychischen Prozessen wie kognitiver Umstrukturierung, Unterbrechung von vermeidenden kognitiven, verhaltensbezogenen und emotionsregulatorischen Strategien und damit der Ermöglichung von Habituation sowie der Integration fragmentierter Gedächtnisinhalte (Hecker 2020).

All diese angedeuteten Prozesse, die auch als psychologische und physische Stressoren bezeichnet werden können, führen zu Störungen des emotionalen Regulationssystems, welche wiederum einen Einfluss auf das motorische bzw. sensorische System haben. Hierfür sind spezielle neurophysiologische Prozesse im Gehirn verantwortlich, auf die in diesem Rahmen jedoch nicht näher eingegangen werden soll.

Nicht zuletzt führen Traumatisierungen zu vielfältigen psychosomatischen Beschwerden, z.B. zu Herz-Kreislauf-Erkrankungen, Schmerzzuständen, Phantomschmerzen, chronischer Immunschwäche, Autoimmunerkrankungen, erhöhtem Risiko für Tumore, Substanzabhängigkeiten, Essstörungen, erhöhtem Risiko von rheumatischen und neurologischen Erkrankungen (wie dissoziative Krampfanfälle, Funktionelle Parese u.v.m.) (Huber 2020).

Angemerkt sei noch: Ein Trauma ist keine „Störung“, gleichwohl können Diagnosen zur Linderung von Leid beitragen, denn nur über diese gibt es eine „offizielle“ Anerkennung für Leiden durch z.B. Gewalt. Andererseits können Diagnosen dazu genutzt werden die traumatischen Erfahrungen zu individualisieren, zu pathologisieren und zu entpolitisieren (Gebrande 2021). Aus dieser Perspektive wird wenig beachtet, dass die betroffenen Menschen ihre Verhaltensmuster vor dem Hintergrund einer belastenden Erfahrung entwickelt haben um den Alltag und ihr Leben zu bewältigen. Leider muss hierfür jedoch eine Krankheit im medizinischen System oder im pädagogischen System ein von der Norm abweichendes negatives Verhalten (starke Wut, Selbstverletzung, sexualisiertes Verhalten u.a.) diagnostiziert werden, um Hilfe zu erhalten.

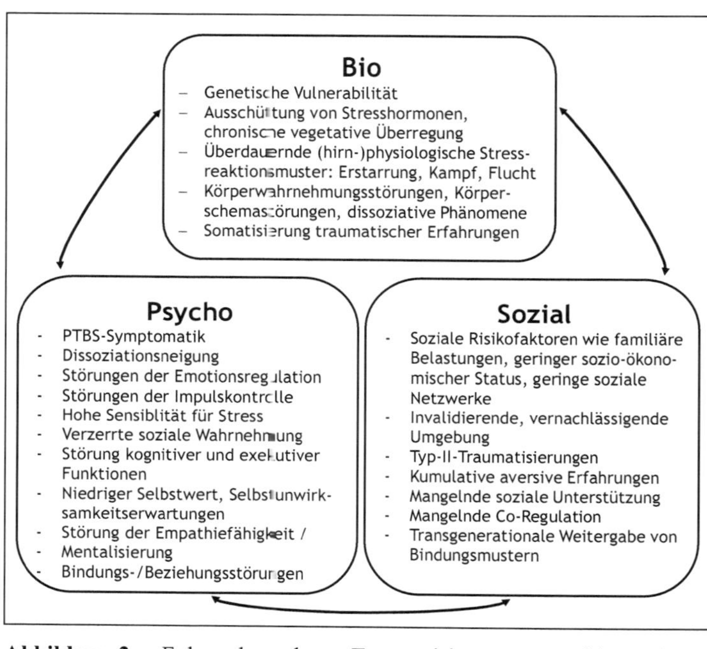

Abbildung 2: Folgen komplexer Traumatisierungen aus biopsychosozialer Perspektive (Retzmann 2021: 14)

Für einen ersten Überblick soll abschließend eine Abbildung von Retzmann (2021) vorgestellt werden, nach der sich Traumatisierungen modellhaft als biopsychosoziale Interdependenzen verstehen lassen. Abbildung 2 bietet einen Überblick über bedeutsame Faktoren, die auf einen traumatisierten Menschen zirkulär einwirken.

Hierbei ist zu beachten, dass traumatische Erlebnisse immer in bestimmten sozialen, kulturellen, ökonomischen und politischen Kontexten stattfinden, welche den Verlauf der traumareaktiven Folgen und das jeweilige Ausmaß an Unterstützung und Beratung prägen. Solch eine Perspektive hat zu konstatieren, dass die Anerkennung von Traumata als Ursache psychischer Störungen immer auch von politischen und ökonomischen (Macht-)Interessen geprägt ist. Dies trifft bspw. für die Opfer sexueller Gewalt in kirchlichen Institutionen, Kinderheimen oder Sportvereinen zu, ebenso im Fall von erlebter Fluchterfahrungen, Vernachlässigung oder körperlicher Gewalt.

3 Exkurs: Das Phänomen der Sekundären Traumatisierung

In diesem Kapitel wird das Phänomen der sogenannten Sekundären Traumatisierung im Kontext der Traumatisierung von Familienangehörigen fokussiert. Obwohl dieser Begriff in der Fachliteratur meist auf Helfer*innen und weniger auf Angehörige bezogen wird, ist er m.E. geeignet diese Prozesse zu beschreiben.

Nachdem lange Zeit das Phänomen der Sekundären Traumatisierung in der Praxis und der Wissenschaft keine Aufmerksamkeit erhielt, gewann diese durch die Anerkennung der Posttraumatischen Belastungsstörung in den 1980er-Jahren und die Entwicklung der Psychotraumatologie und den verbesserten Therapiemöglichkeiten zumindest in den Berufsgruppen der Psycholog*innen, Therapeut*innen und in der Notfallversorgung Aufmerksamkeit.

Nach Daniels (2007) ist eine Sekundäre Traumatisierung definiert als eine Traumatisierung, die ohne direkte sensorische Eindrücke des Ausgangstraumas sowie mit zeitlicher Distanz zum Ausgangstrauma entsteht. Diese Definition[15] schließt die Übertragung bzw. „Ansteckung“ posttraumatischer Stresssymptome auf Familienangehörige und die berufsbedingte Traumatisierung von Therapeut*innen, Feuerwehrangehörigen, Sanitäter*innen und anderer Helfer*innen ein.[16]

15 Zum Begriff der Sekundären Traumatisierung in Bezug auf die Helfer*innen siehe z.B. Sendera, Sendera 2013; Rießinger 2015; Scherwath, Friedrich 2012; Beckrath-Wilking et al. 2013; Jegodtka, Luitjens 2016.

16 Jedoch wird diese Definition in der psychosozialen Fachliteratur im Wesentlichen nur für den beruflichen Kontext genutzt und hier insbesondere für professionell Tätige, die sich in einem äußerlich sicheren Setting der Psychotherapie befinden, welches sich im Allgemeinen „durch hohe Vorhersehbarkeit, Kontrolle und Wissen“ (Daniels 2007: 2.) auszeichnet. Dabei ist dieses Phänomen auch für die Soziale Arbeit ein bedeutsames Thema, denn je nach Studie und untersuchter Gruppe, bewegen sich die Risiken für eine indirekte Traumatisierung zwischen 10 und 20 Prozent (siehe Wolf 2018). Nach Petermichl (2012), die Sozialarbeiter*innen befragte, die professionell mit Flüchtlingen arbeiten, sind diese intensiv mit den Traumata der Klient*innen kon-

Zunächst soll auf das Begriffswirrwarr (s. Lemke 2013, Beushausen und Schäfer 2021) in diesem Kontext verwiesen werden. Neben dem Begriff der Sekundären Traumatisierung werden die Begriffe Mittraumatisierung[17] (Figley 1995), stellvertretende Traumatisierung, Co-Traumatisierung, emotionale Ansteckung, transmissive Traumatisierung, Mitgefühlserschöpfung, traumatische Gegenübertragung, übertragene Traumatisierung, verwundete Heiler, indirekte Traumatisierung genutzt.[18] Lemke (2013), der sich ausführlich mit diesen unterschiedlichen Bezeichnungen beschäftigte, sprach sich für die Nutzung des Begriffs der Sekundären Traumatisierung aus.[19]

Insbesondere Daniels (2007) beschäftigt sich mit diesem Phänomen, dass sich durch eine dissoziative, also traumatische Verarbeitung im beruflichen Kontext durch im Menschen angelegte Merkmale erklären lasse. Auslöser für eine indirekte Traumatisierung ist oft eine dissoziative Verarbeitung von Traumamaterial, eine „peritraumatische Dissoziation" (Daniels 2008: 104), welche sich z.B. in affektiver Gleichgültigkeit und einem veränderten Zeitgefühl zeigen kann. Betroffene erleben ihr Agieren automatisiert und ihr Umfeld surreal. In einem solchen Zustand laufen die Prozesse im Gehirn verändert ab. Die Abspeicherung erfolgt z.B. unvollständig ohne Informationen über Zeit, Ort und mit minimaler Unterscheidung zwischen sich selbst und der wirklich betroffenen Person. Infolgedessen wird die Bedrohung als gegenwärtig und als eine gegen sich selbst gerichtete Bedrohung wahrgenommen und es entwickelt sich eine sekundäre Traumatisierung.

Die große Anzahl an Symptomen lässt sich für Korittko (2011: 4) in zwei Kategorien von Reaktionen differenzieren. Zur ersten Kategorie gehören symmetrische Reaktionen, also Reaktionen, denen die der primär Betroffenen „gleichförmig und gleichge-

frontiert. Allerdings ist der Begriff der Sekundären Traumatisierung nur ca. der Hälfte der befragten Sozialarbeiter*innen bekannt.

17 Figley (1995), der die Bezeichnung einer Mittraumatisierung (Compassion fatique) einführte, kennzeichnet hier das Gefühl tiefer Sympathie für einen Menschen, der von Leiden und Unglück betroffen ist.

18 Frey (2007) stellt eine Analogie her, in der er die Metapher einer ansteckenden Krankheit benutzt.

19 Auch mit den Ausführungen von Lemke (2013) fehlt eine klare Antwort auf die Frage, welcher Begriff der geeignetste ist.

wichtig gegenüber" stehen. Hierzu zählen Symptome der Symptomgruppen Intrusionen (Wiedererleben), Konstriktionen (Vermeidung und Erstarrung) und Hyperarousal (Übererregbarkeit), wie bspw. erhöhte Wachsamkeit und Reizbarkeit sowie körperliche Anspannung, Konzentrationsprobleme, Flashbacks, Vermeidung und ein Bedrohungsgefühl. Zusätzlich gibt es begleitende Symptome wie die depressive Verarbeitung in Form von Suizidalität, Antriebs- und Hoffnungslosigkeit sowie intensiverer Substanzgebrauch. Es können also psychosomatische, psychische, soziale, kognitive und emotionale Symptome auftreten (vgl. ebd.; Scherwath, Friedrich 2012, Daniels 2008, Jegodtka 2016).

Neben diesen spezifischen Auffälligkeiten zeigen sich eine Fülle von unspezifischen Phänomenen bei den Sekundärbetroffenen. Hierzu gehören:

- Emotionale Reaktionen: Angst, Beklemmung, Anspannung und Niedergeschlagenheit, Zorn und Reizbarkeit, pathologischer Kummer, Depression.
- Kognitive Reaktionen: Konzentrationsstörungen, Vermeidungsverhalten, Veränderung innerer Werte und Einstellungen.
- Psychische und psychosomatische Reaktionen: Schlafstörungen, Appetitverlust, häufige Erkältungen, Kopf-, Bauch-, Nacken- und Rückenbeschwerden, gesteigerte Unfallhäufigkeit, Hautirritationen, Ausschläge, reduziertes Sexualleben, Erschöpfungszustände.
- Gesundheitsschädigende Copingstrategien: Überdecken von Müdigkeit durch Koffein und Nikotin, aktives gesundheitsschädigendes Verhalten (übermäßiger Gebrauch von Sucht- und Beruhigungsmitteln wie Alkohol, Drogen).
- Soziale Auswirkungen: Distanzierung, sozialer Rückzug, Zynismus, Konflikte in der Partnerschaft, Streit, Leugnen der Symptome, gesteigerte Sensibilisierung für Unrecht und Gewalt, der Eindruck, dass die Familie/ Freund*innen sich zu sehr oder zu wenig um einen kümmern oder einen gar nicht verstehen.
- Beeinträchtigung der geistigen Gesundheit: Die Grundannahmen der Menschen zum Ich und der Welt werden durch traumatische Erfahrungen, bzw. durch sekundären traumatischen

Stress erschüttert in Bezug auf die Vorstellung der persönlichen Unversehrtheit, die positive Weltsicht und die Vorstellung einer geordneten und sinnvollen Welt (Rießinger 2015). Diese Erschütterung kann Grundannahmen von Sicherheit, Sinn- und Bedeutungshaftigkeit, sowie den Selbstwert (Andreatta, Unterluggauer 2010) betreffen und wird häufig als einschneidend und belastend erlebt.

Deutlich wird, es werden verschiedenste Schutzmechanismen, beziehungsweise Abwehrstrategien genutzt, um belastende Faktoren zu minimieren.

Daniels (2008: 208f.) erläutert, wie es zu einer Sekundären Traumatisierung kommen kann. Im Zentrum dieses Modells stehen im Menschen angelegte Prozesse der Empathie, dem Kindling und der Dissoziation. Mit dem Empathiebegriff wird sowohl die Fähigkeit der „Perspektivenübernahme" (Daniels 2007: 5), also das Erschließen der geistigen Sicht anderer Menschen, als auch die Fähigkeit der affektiven Emotionsübernahme, also das Hineinversetzen in den affektiven Zustand anderer, beschrieben. Menschen unterscheiden sich im Grad der Empathiefähigkeit deutlich. In Studien wurde deutlich, dass vor allem die Menschen die emotionale Verfassung eines zu beobachtenden Menschen außerordentlich zutreffend beurteilen, sich der Herzrate und Hautleitfähigkeit der beobachteten Person besonders anpassten. Dies weist auf eine „empathische Ansteckung" (ebd.) hin.

Die neuropsychologische Empathieforschung formuliert zwei Erklärungsweisen: Zum einen wird von einer ausschließlich kognitiven Dechiffrierung der emotionalen Verfassung einer anderen Person ausgegangen. Zum anderen wird vermutet, dass der Mensch die Ressourcen für das eigene Verhalten zur innerlichen Simulation des Verhaltens anderer verwenden kann, wodurch eine gedankliche Perspektivenübernahme und ein Nachvollziehen von Emotionen ermöglicht werden. Hier liegt also die Annahme zu Grunde, dass während der Beobachtung eines emotionalen Zustandes einer anderen Person bei dem Beobachter dieselben Netzwerke aktiv werden, wie während des eigenen Erlebens, dass sich also die jeweils aktivierte Gehirnregion bei beobachteter Person und Beobachter überschneiden und somit (ebd.) empathisches Einfühlen eine innere Simulation gespiegelter Emotionen umfasst.

Es wird davon ausgegangen, dass eine Simulation durch Spiegelneuronen, d.h. durch bei sensorischen und motorischen Vorgängen aktive Nervenzellen, erfolgt. Spiegelneuronen rufen sowohl bei Beobachtung als auch beim Ausführen einer Handlung die gleichen Potenziale hervor und können so bei der Beobachtung der Emotionen einer Person dieselben Netzwerke aktivieren, wie bei dem eigenen Erleben eben dieser (ebd.: 5ff.).

Durch die Spiegelung der äußeren Situation als innerlich stattfindenden Prozess stellt sich die Frage, was passiert, wenn man nicht mehr zwischen sich selbst und anderen unterscheiden kann. Hier wird davon ausgegangen, dass der Verlust der Unterscheidungsfähigkeit in Selbst- und Fremdperspektive zu einer „‚Ansteckung“ (ebd.: 8) mit dem Leiden des Betroffenen führt. Eine emotionale Distanzierung ist dann nicht mehr möglich und die Traumabeschreibung einer Person wird mit Selbstbezug abgespeichert.

Mit dem zweiten, im menschlichen Organismus angelegten Prozess, dem Kindling, kann erklärt werden, wie es zu dem Verlust der Selbst- und Fremddifferenzierung, dem zentralen Aspekt der Dissoziation (ebd.: 9) kommen kann. Kindling beschreibt nach Daniels eine durch wiederholte, unterschwellige Aktivierungen zunehmende Sensibilisierung der Amygdala[20]. Durch mehrfache Traumatisierungen kann ein Kindlingprozess hervorgerufen werden, infolgedessen immer weniger intensive, unspezifische Stressoren dissoziative Reaktionen auslösen können. Im weiteren Verlauf fällt die Selbst- und Fremddifferenzierung zunehmend aus und die Inhalte des Traumas werden ohne die so wichtigen Kontextinformationen abgespeichert.

Im Folgenden kann es in diesem Prozess zu einer dissoziativen Notfallreaktion kommen. Daniels (2007: 10) geht von zwei interagierenden Regulationsmechanismen aus: Von einem limbischen und von einem frontalen-kortikalen Mechanismus. Der limbische Regulationsmechanismus erfolgt durch die Ausschüttung von Neurotransmittern u.a. in zwei Stress-Systeme, das Furcht- und das Paniksystem. Das Furchtsystem führt durch die Aktivierung der Amygdala zu einer Kampf- oder Fluchtreaktion, während das

20 Unter der Amygdala ist eine zentrale Verarbeitungsstation für externe Impulse und deren vegetative Auswirkungen zu verstehen. Sie gilt als die Hirnstruktur, welcher die emotionale Einfärbung von Informationen obliegt.

Paniksystem parasympathikoton[21] geprägt ist. Einer Dissoziation geht in der Regel eine Angstreaktion vorher, wodurch die entsprechenden Neurotransmitter in übermäßiger Anzahl ausgeschüttet werden. Dies zeigt sich in einem sympathikotonen[22] Zustand mit erhöhter Herzfrequenz und Hautleitfähigkeit. Wenn der Stressor nicht wieder abklingt, hat dies einen Wechsel zum parasympathikotonen Zustand, d. h. zur dissoziativen Notfallreaktion, zur Folge. Erneut werden dementsprechende Neurotransmitter in übermäßiger Anzahl ausgeschüttet. Dadurch wird die Herzfrequenz trotz noch immer vorhandener gegenteiliger Neurotransmitter durch die vorhergegangene sympathikotone Reaktion abgesenkt. Zu diesem Zeitpunkt der Dissoziation, befinden sich die Betroffenen in einem Zustand, der durch die Aktivierung von Sympathikus und Parasympathikus gekennzeichnet ist. Zur Veranschaulichung wird auch von einem „Zustand, in dem Gas und Bremse gleichzeitig bedient werden" (Daniels 2007: 11) gesprochen. Durch die dissoziative Reaktion kann die Identität geschützt werden, da durch bestimmte neurologische Prozesse eingehende Informationen bezüglich des traumatischen Ereignisses nicht als zugehörig zum Selbst abgespeichert werden können. Sie „werden nicht in das autobiografische Gedächtnis integriert, und bleiben somit assoziativ als Intrusion abrufbar" (vgl. ebd.: 10ff.). Als ein weiteres Symptom kann eine Depersonalisierung entstehen, bei der der Bezug zur Gegenwart und zum eigenen Körper eingeschränkt ist, zudem können bspw. Angst- und Bedrohungsgefühle auftreten.

Menschen mit einer ausgeprägten Empathiefähigkeit weisen eine erhöhte Vulnerabilität auf (Schwerwath, Friedrich 2012). Weitere Risikofaktoren sind eine fehlende innere Distanz, frühere Traumatisierungen, Ermüdung, fehlende Problemlöse- und Bewältigungsstrategien, sowie zu hohe Erwartungen an sich selbst und gegenwärtige Stressphasen. Zu einer anderen Kategorie zäh-

21 Parasympathikotoner Zustand meint, dass das Spannungsverhältnis von Sympathikus und Parasympathikus zu Gunsten des Parasympathikus verschoben ist. Der Parasympathikus wirkt hemmend auf die Energieentfaltung und den Stoffverbrauch, dient also der Energieerhaltung.

22 Sympathikotoner Zustand ist das Gegenteil zum parasympathikotonen Zustand. Der Sympathikus wirkt als Gegenspieler zum Parasympathikus aktivierend.

len komplementäre Reaktionen, unter denen die Gegenreaktion von Sekundärtraumatisierten auf ihren entgegengebrachten Verhaltensweisen zu verstehen sind. Solche Gegenreaktionen können bspw. Vermeidungsverhalten und emotionale Taubheit sein, als Reaktion auf eine Distanzierung seitens ihrer Freund*innen und Kolleg*innen im Umgang mit den Betroffenen ebenso wie der Versuch, Flashbacks in der Gegenwart anderer zu vermeiden (Korittko 2011). Die Betroffenen erleben so eine Vielzahl an Symptomen, die, ebenso wie die Ätiologie, denen der Posttraumatischen Belastungsstörung ähneln.

Schwerwath und Friedrich (2012) verweisen darauf, dass Menschen mit einer ausgeprägten Empathiefähigkeit eine erhöhte Vulnerabilität aufweisen. Weitere Risikofaktoren sind eine fehlende innere Distanz, frühere Traumatisierungen, Ermüdung, fehlende Problemlöse- und Bewältigungsstrategien, sowie zu hohe Erwartungen an sich selbst und gegenwärtige Stressphasen.

Schutzfaktoren sind eine hohe persönliche Resilienz, Bewältigungsstrategien, ein umfangreiches positiv erlebtes soziales Umfeld, Berufserfahrung und private, sowie berufliche Unterstützung (vgl. Schwarzer 2010, Sendera, Sendera 2013).

Diskutiert wird, dass das Risiko einer indirekten Traumatisierung ansteigt, wenn die Helfer*innen (ebenso die Angehörigen) selbst schon zuvor traumatisiert wurden (Beckrath-Wilking et al. 2013). Auch Wolf (2018) vermutet das in eigenen Traumata der Hauptgrund für die Symptome der Betroffenen liegen, denn Traumata könnten sich über das Leben hinweg aufsummieren, mit jedem Trauma werde also eine Posttraumatische Belastungsstörung wahrscheinlicher. In diesen Fällen bleibt jedoch offen, ob es sich hier dann um eine Sekundäre Traumatisierung handelt oder um eine Retraumatisierung.

Zusammenfassend zeigt sich, dass für viele Angehörige der Kontakt mit traumatisierten Menschen und ihr emotionales Erleben zu einer besonderen traumatischen Belastung im Sinne einer emotionalen „„Ansteckung“ (Scherwath, Friedrich 2012: 179) führen kann. Diese „Traumatisierung“ kann in Anlehnung an Daniels (2008, 2007) als Sekundäre Traumatisierung bezeichnet werden, in der eine Übertragung posttraumatischer Stressreaktionen ohne direkte sensorische Eindrücke des Ausgangstraumas, sowie mit zeitlicher Distanz erfolgt. Traumatische Lebensereignisse lassen oftmals, bildlich gesprochen, das Lebensfundament für die Angehörigen bröckeln. Deshalb geht es in der Beratung darum, dieses Fundament wieder zu stärken oder im Rahmen der Selbstfürsorge /Prävention gar nicht erst bröckeln zu lassen, d.h. Ressourcen als Schutz vor einer Mittraumatisierung zu stärken. Besonders schlimm ist: Oftmals sind die Angehörigen auf sich allein gestellt, obwohl es angesichts der weitreichenden individuellen und gesellschaftlichen Folgen im Interesse aller sein sollte, die von einer Sekundären Traumatisierung bedrohten und bereits betroffenen Menschen präventiv, bzw. beraterisch/therapeutisch zu unterstützen.

4 Typische familiäre Problemmuster im Kontext der Beratung

Ansatzpunkt für die Hilfe ist, wie ausgeführt, nicht nur individuelle Klient*innen, sondern Klient*innen im Kontext ihrer Netzwerke. Dies bedeutet, dass immer die zirkulären Aus- und Nebenwirkungen mit zu bedenken sind, insbesondere mögliche dysfunktionale Auswirkungen auf die Partnerschaft und die Kinder. In diesem Kapitel werden zunächst typische Auswirkungen auf eine Partnerschaft beschrieben, im Anschluss werden typische familiäre Dynamiken aufgeführt und in einem Exkurs familiäre Funktionsstörungen beschrieben. Abschließend wird eine mögliche transgenerationale Weitergabe von Traumata diskutiert.

Für Familien bedeutet eine Traumatisierung eines Familienmitgliedes eine extreme Stresserfahrung, bei Kindern führen diese, noch mehr als bei Erwachsenen, zu psychischen Erschütterungen und zu viel Leid. Daher ist dies bereits bei der Diagnostik zu berücksichtigen Eine gezielte Akutversorgung kann dieses Leid mindern und beinhaltet eine möglichst optimale Versorgung der Betroffenen, ihrer Angehörigen und eventuell noch weitere Personen. Möglicherweise verhindern frühe Hilfen spätere vielfältige Traumafolgen. Grundlage dieser Hilfen ist eine Kooperation mit einem Hilfesystem, mit z.B. Lehrer*innen, Ärzt*innen, und Psychotherapeut*innen.

4.1 Paarbeziehungen

Erlebte äußere Traumata eines Menschen wirken sich in vielfältiger Weise auf die Paarbeziehungen aus, gleichzeitig führen Erfahrungen von emotionaler, körperlicher und sexueller Gewalt in Paarbeziehungen zu traumatischen Reaktionen und damit zu erheblichen Paarproblematiken. So benötigen auch Partner von Frauen, die sexuelle Gewalt in ihrer Kindheit erlebt haben, häufig eine Unterstützung. Zudem bilden viele traumatisierte Menschen Partnerschaften mit einer ebenfalls traumatisierten Person (Klees 2018). Für die Partnerschaften bedeuten diese Konstellationen erhebliche Herausforderungen, sie müssen lernen besonders achtsam zu sein. Traumata beeinträchtigen das Gefühl anderen gegenüber Sicherheit und Vertrauen zu entwickeln und eine schnelle Erregbarkeit führt häufig zu Wutausbrüchen oder Isolation und damit häufig zu einer eingeschränkten Intimität zwischen den Partnern. Eine weitere Folge ist häufig eine Überfunktion der sekundärtraumatisierten Person in der Kindererziehung, der Hausarbeit oder der beruflichen Entwicklung. Dies kann dann wieder zu einer symmetrischen Eskalation[23] führen.

Zunächst soll mit Klees (2018: 37ff.) der Forschungsstand zusammengefasst werden. Sie fasst typische Symptome traumazentrierter Beziehungsstörungen zusammen:

- starke emotionale Stimmungsausbrüche, Streit und Eskalation[24],
- Schwierigkeiten mit Emotionen beziehungserhaltend umzugehen,
- Beziehungs- oder selbstschädigendes Verhalten,
- langanhaltende sexuelle Störungen, die von Krisen oder Sprachlosigkeit begleitet sind,
- gegeneinander gerichtetes impulsives und risikoreiches Verhalten,
- Vorwürfe, emotionale Erpressung,
- beziehungsschädigende bis zerstörende Unzuverlässigkeit in Folge verweigerter Absprachen,
- fehlende Basis von Vertrauen, Wertschätzung,
- die Tendenz zur Opfer- und Täterzuschreibung,
- Verzweiflung, Hoffnungslosigkeit,
- eine kaum vorhandene sexuelle oder emotionale Bezogenheit,

23 Symmetrische Eskalation bezeichnet eine ineffektive und entwertende Art des Miteinander Redens. Im obigen Beispiel könnte der Rückzug der traumatisierten Person in einer Spirale dazu führen, dass die andere Person sich mehr an Außenkontakte bindet, was wiederum zu mehr Rückzug führt.

24 Partnergewalt ist auch für unfreiwillige Zeug*innen belastend, meist die Kinder und Jugendliche. Sie erleben Gewaltsituationen unmittelbar mit, versuchen einzugreifen, zu schützen, indem sie bspw. die Polizei kontaktieren.

- eine depressive, ängstliche, aggressive, gewaltbereite, unterkühlte oder verachtende Grundstimmung in der Partnerschaft,
- Situationen von längeren Rückzugsphasen ohne Absprache bzw. leidvoll erduldete Kontaktabbrüche,
- Ausweichen auf Alkohol, Drogen, Pornografiekonsum oder andere zwanghafte, nicht kommunizierbare Ausweichmanöver vor den Kontaktwünschen des Partners/der Partnerin,
- körperliche Symptome ohne organischen Befund, Stress- oder Burnoutsymptomatik ohne berufliche Krise.

In Bezug auf sexuelle Gewalterfahrungen vieler dieser Personen in der Kindheit/Jugend verweist Diez Grieser (2022: 82) auf Untersuchungen von Maier et.al. nach denen Kinder, die körperlich misshandelt wurden im Erwachsenenalter körperliche Nähe und zu schnelle Berührung durch andere als bedrohlich erleben. Dieser Effekt sei auch zu beobachten, wenn die Berührung verbal angekündigt wurde. Büttner (2018) betont die Häufigkeit heftiger Abneigung gegen Sexualität als typische Traumafolgestörung nach sexuellem Missbrauch (Hyposexualität). Häufig würden bei einer sexuellen Aktivität oder bereits bei dem Gedanken daran, intrusives und dissoziatives Erleben beschrieben, aber auch Symptome, die zu einer gesteigerten Sexualität führen (Hypersexualität).

Für die Beratung ist für Klees (2018) eine Perspektive hilfreich, die diese Probleme auf dem Hintergrund von Bindungstheorien/Bindungsschemata erörtert. Ein Ausgangspunkt ist, dass in der Paarbeziehung das ehemalige Trauma in einer Art Wiederholungszwang neu inszeniert wird. Gerade bei komplextraumatisierten Menschen werden intrapsychische unbewusste „Inszenierungen" mit den inneren Anteilen Täter, Opfer, Ideal-Selbst und eingesperrtes inneres Kind auf den interpsychischen Ebenen agiert. Häufig ist ein Bindungsschema traumatisierter Paare mit dem typischen zentralen Konflikt zwischen Idealisierung und Überanpassung an den Partner/die Partnerin zu konstatieren. Für diese Paare verwendet Klees die Bezeichnung einer „Traumazentrierten Beziehungsstörung". Diese läge vor, wenn infolge einer komplexen Posttraumatischen Belastungsstörung vielfach emotional eskalierend gestritten wird, die Partner sich kaum emotional oder sexuell aufeinander beziehen und die Partnerschaft von einer negativen Grundstimmung geprägt ist. Zudem sind Sprachlosigkeit, Stress, sowie die Verweigerung von Absprachen für die Beteiligten typisch. Dabei geht die Autorin von der These aus, dass Streit grundsätzlich einen hohen Stresslevel erzeugt, der zu einem dem Trauma nicht unähnlichen Ausnahmezustand führt und auch aus neurobiologischer Sicht Menschen nachhaltig beeinträchtigt und letztlich zu gesundheitlichen Problemen führt. Ihren Klient*innen erläutert Klees diese Zusammenhänge mithilfe des Modells der Transaktionsanalyse nach Eric Berne und mit der Metapher der apokalyptischen Reiter[25], mit denen Negativität in die Paarbeziehung eingebracht wird.

Psychosoziale Fachkräfte sind oftmals mit der speziellen Dynamik traumatisierter Paare und ihren heftigen Streitereien gefordert oder auch überfordert. Bei einer Unterstützung der Paare ist zu beachten: Paarkonflikte sind sehr komplex, sie beinhalten verschiedenste Ebenen und benötigen zu ihrer Klärung oft sehr viel Zeit. In vielen psychosozialen Arbeitsfeldern sind daher nur Ausschnitte von Paararbeiten möglich, diese können jedoch sehr bedeutsam sein und erste Hilfe bringen.

Für die Paarberatung und Paartherapie benennt Klees (2018) die folgenden möglichen Phasen und damit verbundenen Themen in Paarkonflikten mit einem traumatisierten Mitglied:

- Einstiegsphase[26], Kontakt herstellen, Klärung der Ziele und der Aufträge.
- Reduzierung des Stressniveaus und des Streitniveaus: unterstützen, dass Streitereien reduziert werden können. Gefragt werden könnte z.B.: Haben diese Diskussionen schon zu guten Ergebnissen geführt? Wenn wir einen Kuchen in freundliches versus unfreundliches Verhalten aufteilen, wie groß wären dann die jeweiligen Stücke? Reden Sie zu Hause auch so miteinander wie hier im Gespräch? Möchten Sie mal etwas Neues versuchen? Anschließend können erste Vereinbarung getroffen werden.

25 Die vier Faktoren dieses Modells sind: Kritik/Vorwurf, Geringschätzung/Verachtung, Rechtfertigung und Rückzug/Mauern.

26 Die Einstiegsphase oder auch ein Gesprächseinstieg beinhaltet die Wahrnehmung eines „initiale Impulses“, der beim Beratenden (z.B. Abneigung, Ekel, Mitleid) entsteht, dieser ist wahrzunehmen und gegebenenfalls anzusprechen.

- Ein Verständnis für die jeweiligen Bindungsmuster ist zu entwickeln. Thematisiert werden bspw. frühere Szenen, wie die Eltern mit ihnen umgegangen sind. Um die auf die Partnerschaft projizierten Wünsche zu verstehen, kann auch über das erste Kennenlernen gesprochen werden. Insgesamt soll die Not des „inneren Kindes“ verstanden werden. Eventuell kann die Arbeit mit dem „inneren Kind“ bzw. die „Teilearbeit“ genutzt werden (siehe z.B. Beushausen u. Schäfer 2021). Themen sind in dieser Phase der Paarberatung die Selbstachtsamkeit (ich kenne mein Beziehungsmuster), Empathie für den oder die andere (ich kenne dein Beziehungsmuster), die Beziehungskompetenz besprechen und erweitern (wir kennen unsere Dynamik) und wie kann ich diesen Mustern entgegenwirken (ich lasse mich nicht anstecken).
- Zu analysieren sind Wiederholungen und Reinszenierungen früherer Bindungsmuster auf der Paarebene. Hier sollte die Einbeziehung möglicher Dritter beachtet werden.
- Neue Regeln und Rituale sollten vereinbart werden und das Verhalten bei Krisen ist proaktiv zu besprechen.

In diesen letzten Ausführungen lag der Schwerpunkt auf frühkindlichen Traumatisierungen, die eine Paarbeziehung maßgeblich bestimmen. Im Kontext von häuslicher Gewalt[27], hier zwischen den Partner*innen, sind noch andere Dynamiken zu konstatieren. Kurz soll hierauf in einem Überblick eingegangen werden:

Häusliche Gewalt liegt vor, wenn Personen innerhalb einer bestehenden oder aufgelösten familiären, ehelichen oder eheähnlichen Beziehung physische, psychische oder sexuelle Gewalt ausüben oder androhen. Häufig liegt bei häuslicher Gewalt ein Typ-II-Trauma vor.

Das Risiko, Opfer der Gewalt zu werden, ist für Frauen wesentlich höher als für Männer, allerdings ist es für Männer häufiger schwierig Hilfe zu erhalten (Treibel, Gahleitner 2019). Zur Gewalt kommt es bei Konflikten, eine systematische Gewaltanwendung hingegen ist bestimmt durch häufige aggressive

27 Der Begriff „häusliche Gewalt“ ist zumindest unpräzise, denn Gewalt zwischen Partnern findet nicht immer zu Hause statt, zudem beinhaltet er im Sprachgebrauch nicht die Gewalt z. B. zwischen Geschwistern oder von Kindern an den Eltern.

Handlungen. Meist besteht eine emotionale Bindung zwischen den Beteiligten, die häufig auch mit einer räumlichen Trennung vorerst nicht beendet ist. Die Gewalt wird häufig im privaten Raum, bzw. dem gemeinsamen Haushalt ausgeübt und führt zu einer Beeinträchtigung des Sicherheitsgefühls der Opfer. Oftmals existiert ein Machtgefälle zwischen der Gewalt ausübenden Person und dem Opfer (oftmals bereits vor der Eskalation). Hintergrund der Gewalt sind oftmals Kontroll- und Beherrschungsbedürfnisse. Typisch für diese Beziehungen sind wiederkehrende Gewalthandlungen, die an Intensität zunehmen. In einer „Gewaltspirale“, der zirkulären Eskalation folgt dem Spannungsaufbau ein Gewaltausbruch, dem eine Phase der Entspannung mit Reue und Entschuldigungen bei den Betroffenen folgt, bis sich dieser Prozess wiederholt. Für die betroffenen Frauen führt diese häufig zu Hoffnungen, dass sich der Täter ändern werde. Die jeweiligen Umstände und die Dauer der Ereignisse bestimmen das Ausmaß der traumatischen Folgeerscheinungen. Die Nichtverfügbarkeit von stabilen Bindungsverhältnissen führt dazu, so Treibel und Gahleitner (2019), dass sich das Traumarisiko erhöht und zudem die Bewältigung des Traumas erschwert. Für viele Opfer führt diese Situation in neuen Beziehungen auch dazu, dass es ihnen schwer fällt Vertrauen zu entwickeln, denn Vertrauen hat zu Gewalt geführt.

Bei häuslicher Gewalt ist zu beachten, dass diese in gesellschaftliche Verhältnisse eingebettet ist. Den Betroffenen drohen häufig Stigmatisierung und soziale Ausgrenzung, von Hilfeangeboten werden sie noch immer nur unzureichend erreicht. Oftmals ist es schwierig in einem Frauenhaus (oder Männerhaus) aufgenommen zu werden, auch wenn dies eine Grundvoraussetzung mit der Herstellung der inneren und äußeren Sicherheit für eine Reduzierung des Traumas ist. Zudem fällt es vielen Menschen schwer zu verstehen, dass das Opfer nicht einfach den Täter (oder manchmal die Täterin) verlässt. Traumaberatung umfasst hier nicht nur die in diesem Buch im Weiteren beschriebenen Hilfen, sondern auch die Berücksichtigung rechtlicher, institutioneller und sozialräumlicher Aspekte und benötigt traumasensible Polizist*innen und Ärzt*innen etc. um eine weitergehende, sich wiederholende Traumatisierung zu vermeiden. Betroffen sind meist jedoch auch die Kinder.

Es kann zusammengefasst werden: Die Konflikte in den Paarbeziehungen wirken sich einerseits auf die gesamten Familienbeziehungen aus. Andererseits wirken sich die Traumatisierung eines anderen Familienmitgliedes auf die Paarbeziehung aus. Dieser zirkuläre Kontext ist auch bei den folgenden Ausführungen über die familiären Dynamiken zu bedenken.

4.2 Typische familiäre Dynamiken

Die Angehörigen der traumatisierten Person leiden einerseits häufig unter den verschiedensten Folgen und Symptomen der traumatisierten Person, z.B. einer besonderen Gereiztheit und Aggressivität oder einer emotionalen und körperlichen Distanzierung. Typisch ist auch eine reduzierte kommunikative Kompetenz. Andererseits sind viele Angehörige, wie die traumatisierte Person schwer erschüttert und haben das Gefühl „den sicheren Ort" verloren zu haben. Die Partner*innen erkennen, dass sie keine Kontrolle über die Symptomatik der Traumaüberlebenden haben, während die traumatisierte Person voller Scham und Schuldgefühle oftmals immer mehr ins Abseits gerät. Auch dies kann zu Überlastungen der anderen Familienmitglieder führen. Diese Entwicklungen führen dazu, dass sich der traumatisierte Mensch in einem Prozess der Entfremdung von seiner Familie und seiner Partnerin oder seinem Partner befindet, während der Partner oder die Partnerin mit den Kindern eine Einheit bildet und somit letztlich das elterliche Subsystem extrem gefährden könnte. Zu beobachten ist bei den Angehörigen zudem zu späteren Zeitpunkten eine Mitgefühlerschöpfung. Diese Dynamiken sollen im Weiteren differenter beschreiben werden.

Korittko (2016) unterscheidet für einen Überblick drei unterschiedliche familiäre Symptomatiken einer Posttraumatischen Belastungsstörung, die einzeln oder auch nacheinander in den Paarbeziehungen und den Familien wirken können:

1. bei dem Auftreten von Verhaltens-Fragmenten der traumatischen Situation verhält sich jemand so, wie er oder sie es in der damaligen Situation getan hat (wütend sein, vermeiden, innerlich abschalten etc.).
2. Als Verhaltens-Möglichkeit der damaligen Situation tut jemand das, was damals nicht möglich war. Man wird jetzt wütend, denn damals konnte man die Wut nicht zeigen man wird jetzt traurig, weil damals die Angst eine emotionale Erstarrung bewirkte.
3. Beim traumakompensatorischen Verhalten kann jemand die Erinnerung und die Allgegenwärtigkeit der damaligen Situation nicht mehr ertragen und findet Hilfe in Handlungen, die ihn ins Hier und Jetzt katapultieren (z.B. Gewalt gegen andere, Selbstverletzendes Verhalten, Alkohol -, Medikamenten- oder Drogenkonsum).

In den Familien reagieren die Angehörigen mit ihrem individuellen Bewältigungsverhalten auf die traumatisierte Person mit all ihren Symptomen, Dissoziationen und Verhaltensweisen. Dadurch werden die Interaktions- und Kommunikationsmuster, ebenso wie die Stressbelastungsmuster massiv beeinflusst. In der Folge kann das Familiensystem die problematischen Muster der Traumaverarbeitung verstärken oder sie unter Umständen aufrechterhalten, auch dann, wenn diese in der Familie gar nicht mehr benötigt werden (z.B. dann, wenn zunächst zum Schutz alle Außenkontakte übernommen wurden, dies später jedoch nicht mehr notwendig wäre). Ebenfalls können die Familien inklusive Muster ungewollt verstärken, indem Situationen auftreten, die für den Traumatisierten stark belastend sind (Beispiel: zwei Familienmitglieder streiten sich sehr lautstark). Andererseits können Familienmitglieder (und somit das Familiensystem) ein Ort der Stabilisierung sein, wenn sichere Beziehungen bestehen und feinfühlig reagiert wird. Dann kann sich die ganze Familie stützen, obwohl alle traumatisiert sind (Hanswille 2019).

Die Notwendigkeit der Hilfen bezieht sich auf verschiedene Aspekte, die zu unterscheiden sind:

- das Traumaereignis oder die Traumaereignisse,
- das Traumaerleben während und unmittelbar nach dem Ereignis,
- die Traumabewältigung, die Art und Weise wie mit dem traumatisierten Menschen nach dem Trauma umgegangen wird und
- die nachhaltigen Folgen des Traumaerlebens.

In diesen Prozessen werden jeweils unterschiedliche Hilfestellungen benötigt. Eine Akutversorgung (siehe Kap 5.1) beinhaltet ein flexibles, zeitnahes Angebot, welches die Gegebenheiten der gesamten Situation aller Familienangehörigen im Blick hat. Insbesondere „die Zeit danach" ist entscheidend dafür, ob die „Wunde geheilt" werden kann. Leider ist jedoch oftmals die Zeit nach dem Trauma eine, in der viele Menschen keine Hilfe erhalten. Besonders deutlich wird dies z.B. an der Tatsache, dass Kinder, die sexuelle Gewalt erlebt haben, oftmals erst Hilfe erhalten, wenn sie davon mehreren erwachsenen Personen erzählt haben. Diese Nicht-Hilfe, als eine Form einer sequenziellen Traumatisierung[28], kennzeichnet die Aufeinanderfolge mehrerer traumatischer Erfahrungen, um zu verdeutlichen, dass es nicht nur darum geht, was jemand Schreckliches erlebt hat, sondern auch darum, was in der Folgezeit passiert.

Auch wenn frühe Hilfen oftmals indiziert und sinnvoll sind, zeigt die Erfahrung, dass eine zu frühe psychologische Intervention, die zu nah am Ereignis eingebracht wird, „schaden" kann. Manchmal ist zunächst Erholung in einem sicheren Ort angesagt. Wichtig ist daher beim Einsatz der Hilfen die Beachtung des richtigen Zeitpunktes (Kairos[29]).

28 Die „Sequentielle Traumatisierung" (nach H. Keilson erstmals 1992) beschreibt, dass das Trauma nicht mit dem Ende z.B. der Gewalterfahrung des Krieges verschwindet. Es besteht weiterhin, kann chronisch und durch erneute traumatische Erlebnisse (z.B. auf der Flucht) verstärkt werden

29 Der Terminus Kairos meint den richtigen Zeitpunkt. Er steht im Gegensatz zum Zeitabschnitt Chronos, der gemessenen Zeit. Bespiel: Ein stationärer psychiatrischer Aufenthalt sollte erfolgen, wenn dies notwendig ist, und nicht dann, wann ein Bett frei wird.

Ziegler (2008: 5f.) benennt für die Angehörigenarbeit die folgenden Grundhaltungen. Bedeutsam sind

- eine empathische Haltung: Einfühlen, verstehen und emotional Begleiten,
- eine informierende Haltung: Wissensvermittlung und Hilfsangebote präsent machen,
- eine unterstützende Haltung: konkrete Hilfestellung bei Lebensplanung (Führung und Gestaltung).

Bordé et al. (2011: 1042ff.) benennen in diesem Kontext wichtige Inhalte und Ziele der Hilfen:

- Wissensvermittlung,
- Informationen und Hilfsangebote rund um psychische Erkrankungen, durch die edukative Informationsphase lassen sich Ängste, Selbstzweifel und dysfunktionale Einstellungen abbauen,
- Entlastung und Unterstützung der Angehörigen,
- Interaktionen innerhalb der Familie verbessern,
- aktiver Einbezug der Angehörigen in den Therapieprozess,
- Sensibilisierung z.B. durch Aufklärung und Umgang/Bearbeitungen verschiedener Defizite,
- Desensibilisierung z.B. die Reduktion von Schuld- und Schamgefühlen.

Grundsätzlich sollten psychosoziale Fachkräfte beim Auftreten problematischer Symptome überlegen, „wer Klient*in ist“, wer „Symptomträger*in“ ist, wer welchen Unterstützungs- und Hilfebedarf hat und wer zum Problem-, bzw. Lösungssystem[30] gehört.

Im Folgenden werden typische familiäre Problemmuster zusammengefasst, dabei beziehe ich mich insbesondere auf die Ausführungen von Korittko und Pleyer (2016). Sie beschreiben zwei typische Muster:

30 Der Begriff „Problemdeterminiertes System“ verdeutlicht die systemische Grundidee der Problementstehung. Ein System (z. B. eine Familie, eine Firma) trägt gemeinsam zum Problem bei, während mit Lösungssystem die Personen gemein sind, die zur Lösung des Problems aktuell nützlich sind.

1. Symmetrische Muster: hierbei sind die Reaktionen der primär Betroffenen ähnlich denen der anderen Personen.
2. Komplementäre Muster: Diese zeigen sich in einer entgegengesetzten Reaktion, wenn z.B. ein Kind seinen Vater umarmen möchte, zeigt dieser kein Interesse an körperlicher Nähe, was dazu führen kann, dass sich das Kind abgelehnt und verletzt fühlt.

In traumatisierten Familien sind jedoch nicht nur diese beiden typischen Muster zu beobachten, sondern vielfältigste zirkuläre Kommunikations- und Verhaltensstrukturen. Zudem zeigen sich in diesen Familien unterschiedliche psychosomatische und somatoforme Krankheitssymptome, ebenso wie Erschöpfungszustände und Schmerzen. Insbesondere Korittko und Pleyer (2016) nennen weitere Beispiele familiärer Problemmuster[31], von denen hier typische aufgeführt werden:

- Die Angehörigen haben das Gefühl, dass die Stimmung dauernd wechselt und ein kleiner Anlass zu einem emotionalen Ausbruch der traumatisierten Person führen kann.
- In den Familien wird sehr viel über das Trauma gesprochen. Sie beschäftigen sich extrem mit der Vergangenheit, z.B. kreisen die Gespräche immer wieder um die traumatischen Erlebnisse.
- Es wird vermieden über dieses Thema zu sprechen. Hier geht es um Vermeidung (Konstriktion).
- Ausgesprochene oder unbewusste Tabus[32] bestimmen dann den Umgang mit dem Trauma, damit nicht allzu schmerzhaft an dieses Erlebnis erinnert wird. Die Autoren beschreiben bei den betroffenen Familien einen Zustand des Einfrierens (s. Fußnote 33). Dabei bleibt die Familie beim Trauma stehen,

31 Die Autoren gehen hier von „klassischen" Familienstrukturen aus. Ob in anderen Familienstrukturen weitere Dynamiken zu beobachten sind, ist mir nicht bekannt.

32 Wie bei den Geheimnissen ist der Zweck eines Tabus, die Gefühle der Familienmitglieder und die familiären Beziehungen zu schützen. Häufigste Tabuthemen in den Familien sind allgemein der weite Bereich der Sexualität, der Zärtlichkeit, der körperlichen Nähe und der offene Umgang mit Gefühlen und auch heute z.B. noch das Verhalten der Großeltern in der Zeit des Nationalsozialismus oder der Eltern in der damaligen DDR.

hier findet sich oftmals eine unbewusste Reinszenierung des traumatischen Geschehens. Die Familien stecken in ihrer Kommunikation so fest, dass das Wiedererleben beim traumatisierten Individuum (Intrusionen) mit einer systemischen interaktionellen Wiederholung einhergeht.

- Neue, oftmals starre Familienregeln werden installiert, wie z.B. „wir wollen nicht traurig sein", „darüber wird nicht mehr gesprochen", „Mutter soll sich nicht aufregen", „Vater darf nicht mehr belastet werden" oder „damit muss jeder allein fertig werden."
- Es entwickelt sich eine umfassende Sprachlosigkeit. Sprachlosigkeit kann verschiedenste Auswirkungen haben, z.B. kann ein Kind glauben, dass das traumatisierte Elternteil böse auf es sei. Der emotionale Austausch wird vermieden, über Schuld, Verzweiflung, Angst, Wut oder Trauer darf nicht gesprochen werden.
- Ein weiteres Muster ist schnell etwas anderes tun. Hier zeigt sich eine überschießende Hektik, die ähnlich ist, wie die Posttraumatische Übererregung bei den Traumatisierten und die sich im ganzen Familiensystem ausbreitet. Es scheint so, als sei die Vermeidung nicht durchzuhalten, wenn durch bestimmte Änderungsauslöser die Gefahr entsteht, dass das Trauma mit all seinem Schmerz, mit Hilflosigkeit und Trauer um sich greift. Als interaktionelle Notbremse entsteht eine Form der familiären Dissoziation. In Gesprächen wird plötzlich auf ein anderes Thema umgeschwenkt, Dialoge werden nicht zu Ende geführt, die schnelle Abfolge von verwirrenden Gesprächs- und Handlungsfragmenten verwirrt. In Ruhepausen werden die enorme Erschöpfung und eine Depression deutlich, die in der Familie gleichzeitig vorhanden sind.
- Der Trauma-Überlebende ist emotional nicht verfügbar, beschäftigt sich mit sich selbst, ist zyklisch abwesend, hört nicht zu, sieht viel fern oder verschwindet plötzlich („Leben mit dem Eismann"[33]). Die Familienmitglieder reagieren hierauf sehr unterschiedlich.

33 Korittko (2015) nutzt für die Beschreibung der Familiensituation nach einem Trauma das Bild eines „erstarrten Mobile" um zu kennzeichnen, dass wie beim traumatisierten Menschen auch in den Familien eine „eingefrorene" In-

- Die Familienmitglieder entwickeln möglicherweise Schuldgefühle, reduzieren vielleicht die sozialen Kontakte oder entwickeln Groll gegenüber der Außenwelt.
- Traumatisierte Eltern nehmen ihre aktive Rolle als Vater oder Mutter nicht mehr ein, sie verweigern beispielhaft die Teilnahme an Familienfeiern und anderen Ritualen im Gemeinwesen, die die Identität der Familie ausmachen.
- Oftmals übernimmt der nicht traumatisierte Elternteil die Aufgaben, die der traumatisierte Elternteil früher hatte. Diese neue Rollenaufteilung kann zu weiteren Problemen führen.
- Unvorhersagbare Phasen von destruktiven Ausbrüchen und Rückzug versetzen die Familienmitglieder in Spannung, permanent auch in Wachheit und Angst (wie in Gewaltfamilien). Die Folgen können bei den nicht traumatisierten Ehepartnern und Kindern Depressionen und psychosomatische Beschwerden sein. Kinder und Jugendliche können auch in nicht steuerbare Wutausbrüche geraten.
- Leben ins zwei Zeitzonen: Das traumatisierte Individuum befindet sich emotional in der Vergangenheit, während sich die Familie mit der Gegenwart und der Zukunft beschäftigt. Meist ist dies den Betroffenen nicht bewusst.
- Ein Laissez-faire-Muster der Eltern kann beobachtet werden, welches durch eine bemerkenswerte sorglose und emotionale Distanz gegenüber den Kindern gekennzeichnet ist.
- „Nicht mit uns und nicht ohne uns“: In vielen sekundärtraumatisierten Familien driften die Familienmitglieder zwischen Trennung und Zusammenleben hin und her. Trotz aller Unsicherheit und Instabilität befindet sich die Familie in einem Zustand von emotionaler Verantwortung für den Traumatisier-

teraktion zu beobachten ist. In diesen Fällen sind die Selbsthilfekräfte der Familie erschöpft, das Ereignis wird nicht vergangenheitsfähig, es wird nicht in die Geschichte der Familie integriert, sondern die kommunikativen Interaktionen werden über Jahre weiterhin so organisiert, als befinde man sich in einem Stillstand. Dies kann zu erheblichen Einschränkungen des emotionalen und interaktionellen Wachstums des Familiensystems führen. Kleine Erschütterungen können zu größeren Schäden führen, da das Familiensystem verlernt hat, sich den notwendigen dynamischen Veränderungen anzupassen. Dieses Bild legt nahe, dass diese Familien einen langsam kontrollierten Auftauprozess des Mobiles benötigen, um es von seiner „Eishöhle“ zu befreien.

ten, während der Traumatisierte gleichzeitig Scham- und Schuldgefühle für sein Verhalten entwickelt. Er begibt sich immer wieder in eine innere oder äußere Isolation. Die gegenseitige Angst vor Verlust steht einer großen inneren und äußeren Distanz gegenüber.

- Viele dieser Muster führen zu einem Prozess der Entfremdung. Das elterliche Subsystem ist dann schwach und gefährdet. Oftmals entstehen zwischen dem nicht traumatisierten Elternteil und den Kindern äußerst durchlässige Grenzen, die zwischen der traumatisierten Person und ihren Kindern sind, hingegen oft rigide.
- Die Unerreichbarkeit des traumatisierten Elternteils spielt eine große Rolle für die Entwicklung der Kinder.
- Viele Familien wirken kraftlos, als wenn sie erwarten, dass ihnen die Last des Traumas genommen wird.
- Die traumatisierte Person übernimmt wenig Verantwortung. Dies kann dazu führen, dass diese immer weniger Anlass spürt, Verpflichtungen zu übernehmen und die früher vorhandenen Kompetenzen wieder zu entwickeln. Die anderen gewöhnen sich an diese Situation und sind unter Umständen überfordert. Typisch sind Substitute[34], in denen ein Kind zum Ersatz eines Ehegatten wird oder auch zu einem Elternersatz für das traumatisierte Elternteil.
- Die Kinder von traumatisierten Elternteil entwickeln häufig eine besondere Empfindsamkeit für Atmosphären und Stimmungen innerhalb der Familie. Diese Empfindsamkeit kann eine Ressource darstellen, wenn sie die Möglichkeiten der Abgrenzung beinhaltet, zur Belastung kann sie jedoch werden, wenn die Kinder in den Gefühlen des Leids der Eltern verhaftet bleiben (Reinshagen 2016) und dadurch ihre individuelle Entwicklung beeinträchtigt wird.

34 Beispiele für die Substitutsbildung werden im nächsten Kapitel beschrieben.

4.3 Exkurs: Klassische familiäre Funktionsstörungen

Zur näheren Erläuterung und zur Ergänzung der vorgestellten Problemmuster sollen im Anschluss weitere mögliche problematische sogenannte familiäre Funktionsstörungen[35] vorgestellt werden. Einleitend soll darauf verwiesen werden, dass sich nicht nur Individuen in permanenten Prozessen von Übergängen und Veränderungen befinden, sondern auch Familiensysteme. Solch ein Lebenszykluskonzept geht von der Definition einer Familie aus, die sich permanent entwickelt und in diesem Prozess verschiedene Stadien durchläuft. Es unterstellt ferner, dass schädigende Stimulierungen, die zur Entstehung von Krankheiten beitragen, nicht nur in der (frühen) Kindheit virulent sind, sondern über die gesamte Lebensspanne wirken und zur Entstehung von „prävalent pathogenen Milieus" (Petzold 1993) besonders in kritischen Lebensphasen beitragen.

Der soziale und technische Wandel der Gesellschaft und erst recht ein traumatisches Ereignis verlangen einen stetigen psychischen Verhaltens- und Einstellungsveränderungsprozess um auf die Anforderungen angemessen zu reagieren. Die einzelnen Lebensphasen zwingen das Familiensystem, die Regeln für das Funktionieren des Familienlebens auf einer neuen Ebene anzupassen und ein neues „Fließgleichgewicht" zu finden. Solche umfassenden Änderungen des gesamten Familiensystems sind in jeder neuen Lebensphase notwendig, in der neue Regeln für die Kommunikation gefunden werden müssen und in der die Rollen in der Familie neu verteilt werden. Die Gestaltung der Übergänge erfordert eine Koordination und Synthese durch das Individuum und die Familie. Können die Anforderungen nicht angemessen bewältigt werden, kann dies zu Krisen führen und es besteht die Gefahr, Symptome mit entsprechenden Abwehr-, Ausweich-, Rückzugs-, Konflikt- und Aggressionstendenzen zu „produzieren", mit der

35 Diese wurden Insbesondere in den achtziger und neunziger Jahren im Kontext, der sich damals entwickelnden Familientherapie diskutiert. In den letzten Jahren standen diese Ansätze nicht mehr im Mittelpunkt systemischer Modelle, obwohl sie bedeutsame Hinweise für die Diagnostik und die Interventionen in familiären Systemen geben (ausführlicher siehe Berkshausen 2013).

Folge, dass Phänomene in Form von Abweichungen, psychischen und sozialen Auffälligkeiten, Beeinträchtigungen und körperlichen Erkrankungen entstehen. Der Logik dieser Familienzyklusperspektive entspricht, sie auf der vertikalen Ebene durch die Mehrgenerationenperspektive zu erweitern.[36] Diese Perspektive geht davon aus, dass die intergenerationale Weitergabe vielfältiger Aspekte des Familienlebens über zentrale handlungsleitende, handlungsbegründende und sinnstiftende Ideen im aktuellen System präsent ist. Die Grundannahme der Mehrgenerationenperspektive ist, dass Verhalten, Gedanken, Normen und Werte u. a. aus früheren Generationen bedeutsam für die heutigen Interaktionen sind. Auf der vertikalen Beziehungsachse Eltern–Kinder werden die Beziehungen zur Großeltern-, bzw. Enkelgeneration erweitert und die Störungen und Konflikte der jeweiligen Kindergeneration auf dem Hintergrund der z.T. unbewussten Konflikte zwischen Eltern und Großeltern und deren Beziehungen (bzw. den neuen Partnern und ihren/dessen Eltern) interpretiert. Es wird angenommen, dass sich in Familien über die Generationen immer dieselben oder sehr ähnliche Konflikte abspielen. Diese Prozesse lassen sich als interfamiliäre Wiederholungszwänge bezeichnen und sind bei der Beratung traumatisierter Familien einzubeziehen.

Bedeutsam für die Funktionalität familiärer Systeme sind familiäre Prozesse, die hier kurz beschrieben werden sollen (ausführlicher siehe Beushausen 2013). Entwickelt wurden diese insbesondere in den Achtzigern und Neunzigern Jahren im Kontext der sich damals entwickelnden Familientherapie. Der Fokus lag hier insbesondere auf der Mehrgenerationenperspektive, in der die Beziehungen der Großelterngeneration fortwirken. Die Mehrgenerationenperspektive geht davon aus, dass die intergenerationale Weitergabe vielfältiger Aspekte des Familienlebens über zentrale handlungsleitende, handlungsbegründende und sinnstiftende Ideen

36 In den USA beschäftigen sich insbesondere Boszormenyi-Nagy und Spark (1981) seit den 70er Jahren mit der Mehrgenerationenperspektive. In ihrem Ansatz legen sie einen Schwerpunkt auf die Analyse von „unsichtbaren Bindungen“ zwischen den Generationen. Sie betonen die normative Verpflichtung (Loyalitätsbindung) einen Ausgleich der Bedürfnisbefriedigung (Verdienstkonten) zwischen den Generationen zu erreichen. Familienmythen sind für diesen Prozess bedeutsam, da sie eine wesentliche Rolle bei der Aufrechterhaltung der familiären Homöostase (Gleichgewicht) spielen.

im aktuellen System präsent ist und das Verhalten, Gedanken, Normen und Werte u. a. aus früheren Generationen bedeutsam für die heutigen Interaktionen sind. Es wird angenommen, dass sich in Familien über die Generationen sehr ähnliche Konflikte abspielen. Diese Prozesse lassen sich als interfamiliäre Wiederholungszwänge bezeichnen. Auch durch die Wahl eines „passenden“ Partners können Wiederholungen familiärer Strukturen in der nächsten Generation fortgesetzt werden, indem bspw. ein Partner ausgesucht wird, der ebenso starke Loyalitätsanforderungen wie die eigenen Eltern stellt.

Familiale Philosophien sind bedeutsam für alle Familien. Sie gründen sich auf ein Menschenbild, das Annahmen macht über das Wesen des Menschen und wie diese idealerweise sein sollten. Sie gründen sich auf normative Setzungen, die Bestandteile von Glaubenslehren sind, die aber häufig als solche nicht zu begründen sind, und stellen sinnstiftende Elemente für die Familie und ihre Mitglieder dar. Die Steuerung von familiären Systemen erfolgt mithilfe einer Werteordnung, die sich nach praktischen Erfordernissen und den internalisierten Normen und Werten im Kontext der gesellschaftlichen Erfordernisse richtet. in sozialen Beziehungszusammenhängen sind familiale Philosophien und die damit verbundenen Werte sind wichtige Sinngeber für soziales Handeln. Gesellschaftliche Grundwerte werden häufig in symbolischen Formen zum Ausdruck gebracht, in Familien drücken sie sich bspw. in der Art des Umganges mit Konflikten oder mit „Gerechtigkeit“ aus.

Was im Einzelnen erlaubt, was verboten ist, was als gut, schlecht, erstrebenswert oder abschaffungswürdig gilt, wird in Normen und den damit verbundenen Regeln[37] konkretisiert. Eini-

37 Regeln können als Metaphern betrachtet werden, um die in einem System beobachtbaren sich wiederholenden Interaktionen zu beschreiben. Regeln sind Beschreibungen eines Beobachters, der Rückschlüsse zieht, wie sich die Mitglieder eines Systems darauf geeinigt haben, die Wirklichkeit zu definieren und wie sie Verhalten bewerten. Sie geben Auskünfte, wie ein erwünschtes oder unerwünschtes Verhalten aussehen soll. Regeln sind Handlungsanweisungen an Rollenträger in Interaktionssituationen. Sie können für Situationen oder für Beziehungen gelten, explizit (offen), implizit (verdeckt, nicht bewusst), funktional oder dysfunktional sein. Die impliziten Regeln sind den Systemmitgliedern häufig nicht bewusst. Wird eine implizite Regel bewusst

ge Aspekte familialer Philosophien, Normen und Werte, mit denen die Funktionstüchtigkeit von Familien beurteilt werden kann, sollen kurz benannt werden:

- Um funktional zu handeln, benötigen Familien die Fähigkeit sich ausreichend an den Lebens- und Entwicklungsprozess ihrer Mitglieder anpassen zu können (Adaptabilität).
- Das Vorleben der Geschlechterrolle durch die erwachsenen Familienangehörigen prägt durch Anpassung und Gegenanpassung die Geschlechtsidentität.
- In vielen Familien ist der Wert „Gerechtigkeit" ein „Leitwert"; insbesondere bei der Verteilung von Liebe, Zuwendung, Geld, Besitz und Rechten.
- Familiäre Werte drücken sich (auch) aus in der gegenseitigen Ab- oder Aufwertung der Familienmitglieder. Diese äußert sich sprachlich und mittels Gestik und Mimik. Bei der Abwertung handelt es sich um den Versuch, die anderen nicht als gleichwertig zu betrachten. Die Aufwertung kennzeichnet die Erhöhung anderer Menschen. Diese werden zum Maßstab des eigenen Handelns.
- Familiäre Philosophien und Werte drücken sich darin aus, wie religiöse Auffassungen gelebt werden, welche Bedeutung Politik hat (einschließlich der Bedeutung der politischen Vergangenheit der Eltern und Großeltern) und welchen kulturellen Interessen und Hobbys die Familienmitglieder nachgehen.
- Der Umgang mit „Treue" zwischen den Ehepartnern, das Ausmaß des familiären Zusammenhaltes, der Selbstaufopferung und der Überfürsorge einzelner Familienmitglieder drücken sich ebenfalls in den Familienwerten aus.
- Im Umgang mit Leistung manifestieren sich für das Familienleben bedeutsame Werte.
- Die familiären Normen und Werte drücken sich im Umgang mit den Konflikten aus. Verschiedene Wertauffassungen der Familienmitglieder und ihre normative Umsetzung sind häufig Anlass für Meinungsverschiedenheiten und Streit. In den Fa-

gemacht, kann dieser nicht mehr in der gleichen Weise wie früher befolgt werden, da sie zu einer expliziten Regel geworden ist. (Beispiel: In einer Familie erhalten alle Kinder das gleiche Taschengeld. Wenn diese Regel angesprochen wird, wird sie zu einer expliziten Regel.)

milien können verschiedene Bewältigungsformen und Abwehrmechanismen im Umgang mit den Konflikten beobachtet werden. Die häufigste problematische Form ist die „Konfliktvermeidung".

Der Umgang mit der familiären Hierarchie ist ebenfalls für die Familien bedeutsam. Hierarchie beschreibt in dem hier vorgestellten Zusammenhang, wie in Familien die Ordnung und Aufteilung von Macht und ihre Strukturen geregelt ist. Machtfragen stellen einen wesentlichen Aspekt familiärer Dynamik dar, wobei noch zu bestimmen ist, ob der aktuelle Einfluss einer Person auf andere oder schon die Möglichkeit und Fähigkeit dazu als Macht zu verstehen ist und inwieweit in einer systemtheoretischen Position, die von der Zirkularität familiärer Interaktionen ausgeht, sind gradlinige Ursache-Wirkungs-Konzepte hinfällig sind. In einem solchem Konzept ist eine Machtposition (eher) ein Aspekt der Beziehung als der eines Individuums. Handeln wirkt auf die eine oder andere Weise auf den Handelnden zurück, sie hat jedoch nicht für alle Beteiligten die gleiche Wirkung. In diesem Zusammenhang ist die Differenzierung der Unterscheidung einer „harten und weichen Realität" hilfreich (Simon 1995). So ist bspw. der Einsatz von Gewalt eines Erwachsenen gegenüber einem kleinen Kind eine „härtere Realität". Bei der „weichen Realität" ist hingegen die intersubjektive Bestimmung von Wirklichkeit bestimmend. Hier kann das Familienmitglied, z.B. bei einem Ehestreit, bei den Interaktionen Subjekt und Objekt des Geschehens, „Täter" und „Opfer" zugleich sein.

Problematisch sind für die einzelnen Familienmitglieder und insgesamt für die Funktionalität der Familie „pathologische" Koalitionen. Koalitionen sind offene oder verdeckte, wechselnde oder stabile Bündnisse zwischen zwei oder mehreren Familienmitgliedern. Der Zweck solcher Bündnisse kann ein gemeinsames Ziel oder die gemeinsame Opposition gegen die Ziele anderer Familienmitglieder sein. Dysfunktional werden Koalitionen, wenn sie zu Störungen der Generationsgrenzen oder der Bildung von Substituten beitragen.

Auch der Umgang mit Grenzen ist bedeutsam. Familiäre Systeme regeln mit dem Merkmal der „Grenze" ihre Offenheit und Geschlossenheit. Zu unterscheiden sind innere und äußere Grenzen der Familie. Die innerfamiliären Grenzen kennzeichnen die Nähe- und Distanz-Regelung der Familienmitglieder und der Subsysteme untereinander sowie den Grad der Bereitschaft, Abgrenzungen wahrzunehmen. Die äußeren Grenzen regeln die Beziehungen der Familie zu den Umwelten. Da auch andere Systeme Grenzen haben, führt dies zu vielfältigen Grenzüberschneidungen. Je höher die Anforderungen an eine Systemmitgliedschaft bezüglich Aufwands und Zeit sind und je größer die Zahl der Mitgliedschaften ist, umso schwieriger ist es für die Einzelnen Grenzen einzuhalten, umso unübersichtlicher wird die Situation und umso mehr steigt das Risiko von Grenzkonflikten.

Dem Subsystem der Eltern kommt in der Beratung eine besondere Bedeutung zu, denn diese hat eine doppelte Funktion, nämlich die des elterlichen und die des ehelichen Subsystems. Hier ist eine klare Abgrenzung besonders wichtig, um dem Paar zu ermöglichen, sich von den Kindern abzugrenzen und sich gegenseitigen Kontakt und Unterstützung zu bieten. Ist diese Grenze zu rigide, ist das Paar schnell isoliert; ist die Grenze zu diffus, können andere Untergruppen, wie z.B. die Kinder oder ein Großelternteil sich in die Paar-Dyade hineindrängen. Das Ausmaß der Durchlässigkeit der Grenzen wird in einem beträchtlichen Ausmaß durch soziale Normen bestimmt. Jedes Individuum bringt auf dem Hintergrund seiner Lebensgeschichte Grenzregelungen in künftige Beziehungen ein. An der Art der innerfamiliären Grenzen erkennen wir unterschiedliche Regeln für Angehörige verschiedener familialer Subsysteme.

Minuchin et.al. (19812) beschrieben die innerfamiliären Grenzen mit den Polen „Isolierung“ versus „Verstrickung“:

- Isolierung: In „isolierten Familien“ werden übermäßig rigide Grenzen entwickelt und die Kommunikation über die Grenzen der Subsysteme hinweg erschwert. Die Loyalitäten und Zugehörigkeitsgefühle sind wenig ausgeprägt. Es besteht eine Unfähigkeit, um Hilfe zu bitten. Nähe verursacht große Angst. Hier finden wir Familien, in denen die Mitglieder „kalt und distanziert wie Fremde“ nebeneinander leben und keine Einfühlung und kein Verständnis für andere entwickeln.
- Klarheit: Die Grenzen sind flexibel und klar; die Mitglieder der Subsysteme vollziehen ihre Funktionen ohne unzulässige

Einmischung von außen. Der Kontakt mit den Mitgliedern anderer Subsysteme gelingt angemessen.

- Verstrickung: In solchen Systemen bestehen diffuse und verwischte Grenzen. Die Autonomie eines oder mehrerer Familienmitglieder ist beeinträchtigt, kognitive und affektive Fähigkeiten sind eingeschränkt, Trennungsangst ist typisch. Die verstrickten Familien wenden sich in einem Übermaß sich selbst zu und schaffen ihren eigenen Mikrokosmos. Die Nähe der Familienmitglieder ist ausgeprägt. Beim Pol der Verstrickung sind die Familienmitglieder eng miteinander verflochten, die interpersonalen Grenzen, besonders die Generationsgrenzen, sind unscharf. Es findet eine ständige Vermischung von Gedanken, Gefühlen und Kommunikation statt. Die direkte Kommunikation ist häufig blockiert. Der Wert „Gemeinsamkeit" wird betont und es wird ein enger Zusammenhalt der Familie mit einer zu starken Abgrenzung nach außen angestrebt. Für die Kinder bedeutet dies hinsichtlich ihrer Autonomiebestrebungen eine Einschränkung in ihren Entfaltungsmöglichkeiten. Familiäre Verstrickungen schaffen starke gegenseitige Abhängigkeiten und bedingen Schwierigkeiten in der Selbst- und Fremdwahrnehmung der Familienmitglieder.

Die außerfamiliären Grenzen regeln die Qualität und Quantität des Austausches der Familie mit den sozialen Umwelten und damit oft auch, inwieweit Beratung oder eine andere Unterstützung zugelassen wird. Bereits die Veränderungen im Lebenszyklus benötigen in den Familien notwendigerweise Veränderungen der Grenzen mit entsprechenden veränderten Aufgaben und Rollenverteilungen, dies trifft besonders auf Familien mit traumatisierten Mitgliedern zu. Auch insofern sind Flexibilität und Anpassungsfähigkeit im Umgang mit Grenzveränderungen wichtig.

Geheimnisse zwischen den Familienmitgliedern sind für die Entwicklung einer Familie in einem gewissen Maße normal und notwendig (z.B. spielerische Geheimnisse, Ehegeheimnisse, schützende Geheimnisse, Geschwistergeheimnisse). Entscheidend ist, ob Geheimnisse produktiv oder destruktiv wirken. In Familien werden vielfach Themen im Kontext des Traumas, die angstbesetzt sind, zu Geheimnissen erklärt und tabuisiert. Familiengeheimnisse beziehen sich besonders auf Normverletzungen wie

Inzest, sexuelle Gewalt, Kindesmisshandlung, außereheliche Seitensprünge, uneheliche Herkunft, das Verhalten der Familienangehörigen im Nationalsozialismus und auf Suizide bzw. Suizidversuche. Familiengeheimnisse bieten die Möglichkeit einer gemeinsamen Verleugnung (Mythos) und dienen dem Ziel einzelne oder mehrere Angehörige zu schützen. Dies kann zu den angesprochenen Realitätsverzerrungen führen. Kinder spüren jedoch intuitiv die Geheimnisse der Erwachsenen, wenn sie davon betroffen sind. Innerfamiliäre Geheimnisse bedeuten einen Loyalitätskonflikt für mindestens einen der Beteiligten und leisten so einen Beitrag zum Auftreten von familiären Funktionsstörungen.

Vermächtnisse sind ebenfalls oftmals bedeutsam. Sie sind Aufgaben, die ein „Auftraggeber" an Angehörige der nächsten Generation weitergibt – „delegiert". Eine Delegation ist nur möglich auf der Grundlage einer starken, oft unsichtbaren Loyalität[38]. Im typischen Fall hat der Delegierte eine lebenswichtige Aufgabe für seine Eltern zu erfüllen. Delegationen werden an die nachfolgenden Generationen weitergegeben durch nonverbale Signale, durch das Familienselbstbild und durch eine „emotionale Ansteckung". Vermächtnisse sind oft nicht bewusst. In Familien mit traumatischen Erfahrungen kann dies z.B. die Erwartung sein übermäßig für die traumatisierte Person zu sorgen. Delegationsprozesse an sich sind notwendig, um dem heranwachsenden Kind sinnvolle Lebensziele, Inhalte und Richtungen zu vermitteln. Sie werden jedoch problematisch, wenn sie nicht auf die Bedürfnisse des Kindes abgestimmt sind, überfordern und Konflikte auslösen und wenn sich die Aufträge nicht mit den Talenten, Fähigkeiten und Bedürfnissen des Delegierten in Einklang bringen lassen (wenn z.B. ein Kind auf jeden Fall studieren soll) oder es zu Auftragskonflikten kommt. Typischerweise wird ein Delegierter „mit einer Mission betraut", jedoch gleichzeitig an einer „langen Leine" der Loyalität gehalten. Die Loyalität wird bewiesen, indem

38 Das Loyalitätskonzept wurde von Boszormenyi-Nagy und Spark (1981) in den 1970er-Jahren entwickelt. Hierunter wird die Verpflichtung verstanden, bestimmten Erwartungen der Familie, der Verwandten oder anderen Systemen „gerecht" zu werden. Loyalität erweist sich so als ein Schlüssel zum Verständnis der Delegation. Eine starke emotionale Bindung schließt die Erwartung ein, dass dieses Interesse erwidert wird.

die Aufträge gewissenhaft erfüllt werden. Hiermit wird die Auftragserfüllung zur Quelle des Selbstwertes.

4.4 Anmerkungen zur transgenerationalen Weitergabe von Traumata

Ergänzend soll kurz auf die Bedeutung einer transgenerationalen Weitergabe von Traumata hingewiesen werden. In der psychosozialen Praxis ist häufig zu beobachten, dass Gewalterfahrungen und Vernachlässigungen auch in der folgenden Generation auftreten. Die Übertragung von sozialen Strukturen, wie z. B. Werte und Normen, sowie von individuell gemachten Erfahrungen von einer Generation auf die nächste, ist ein üblicher (gesellschaftlicher) Mechanismus. Dies gilt ebenso für Traumafolgeschäden, welche unter Umständen an Folgegenerationen weitergegeben werden. Die Erfahrungen der Vorfahren können sich in den Träumen, in Fantasien, im Selbstbild, im emotionalen Erleben, in den Symptomen und in unbewusstem Agieren bei den Nachkommen widerspiegeln.

Die transgenerationale Weitergabe oder Übertragung beschreibt die Weitergabe von „Vorstellungen, Verhaltensweisen, Scham- und Schuldgefühlen, aber auch Geheimnissen und unverarbeiteten Traumata“ (Unfried 2013: 50) von der elterlichen Generation bis in die Enkelgeneration. Die Erfahrungen, die von den Eltern nicht bewältigt werden konnten, integrieren sich auf diese Art in die emotionalen Strukturen ihrer Kinder.

Diese Folgen können vermieden werden, wenn es den Betroffenen gelingt, das traumatische Erlebnis in ihrer Psyche zu integrieren. Der Erfolg einer Verarbeitung erlebter Traumata hängt von den individuellen „Ressourcen, Bewältigungsstrategien und Erklärungsmustern“ (Rauwald 2013: 22) der Betroffenen ab. Entscheidende Faktoren hierbei sind u. a. die bisherigen Erfahrungen, die Persönlichkeit und die Reaktionen des Umfelds des Individuums in Bezug auf das Ereignis.

Umfangreiche Forschungsergebnisse (siehe z.B. Rauwald, Quindeau 2013) zeigen, dass schwer traumatisierte Eltern entgegen ihrem eigenen Wunsch die eigene Beschädigung weitergeben. Die transgenerationale Weitergabe von Traumata kann gut am Beispiel des Nationalsozialismus und dessen Folgen betrachtet werden. Eine breite Datenlage zum Zusammenhang transgenerationaler Übertragungen von Traumatisierungen und PTBS findet sich zudem bei Vietnamveteranen, Geflüchteten und Holocaust-Überlebenden (Glaesmer 2018).

Die Erkenntnisse aus der Begleitung der Folgegenerationen der Holocaust-Opfer zeigen, dass die Kinder und Elterngeneration häufig ähnliche oder genau die gleichen für Traumatisierungen typischen Folgeerscheinungen aufweisen (Sänger, Udolf 2013). Nach dem Zweiten Weltkrieg wurde deutlich, dass Kinder von Holocaustüberlebenden Symptome entwickelten, welche in direktem Zusammenhang mit den traumatischen Erlebnissen ihrer Eltern standen. Dies betrifft auch Kinder anderer kriegstraumatisierter Eltern (Kinder von Täter*innen oder Opfern), so Reddemann (2015).

Ein Fallbeispiel aus einer Ehe- und Familienberatungsstelle Events stellt sich soll diese Zusammenhänge verdeutlichen:

> Die Eltern B kommen mit ihrer 13-jährigen Tochter Annelie (Name geändert) in die Beratungsstelle. Annelie ist sehr wortkarg, meistens erzählen die Eltern von ihren Sorgen um die Tochter. Diese schlafe sehr schlecht, habe viele Ängste und verlasse ungerne das Haus. In mehreren Einzelterminen mit Annelie wurden kreative Methoden genutzt um „ihr näher zu kommen". In mehreren Beratungsgesprächen sprach sie nicht, sondern weinte ausgiebig. Deutlich wird, Annelie ist sehr behütet aufgewachsen und kam in der Grundschule mit den anderen Kindern nicht zurück und wurde zudem noch „aufs Schlimmste gemobbt". Auf dem Gymnasium geht es ihr besser, sie ist eine gute Schülerin, dennoch entsteht bei der Beraterin das Gefühl, dass eine große Angst vorhanden ist. Dann spielt sie stundenlang Anime-Computerspiele.
>
> Annelie verbringt viel Zeit im Bett, dies sei ihr sicherer Ort. An einzelnen Wochenenden steht sie nicht auf. Sie beschäftigt sich mit Animefiguren auf dem PC. Einige Figuren sind ihr sehr wichtig. Sie gibt viel Geld aus, um bestimmte Figuren zu kaufen. Später berichtet sie, nur wenige Stunden zu schlafen, was die Eltern jedoch nicht wissen würden.

In einem Elterngespräch berichtet die Mutter, sie sei aus Libyen nach Deutschland gekommen. Sie erzählt, wie schlimm ihre erste Ehe dort war. Sie wurde misshandelt, vergewaltigt und verfolgt. Auch in Deutschland wurde ihr noch aufgelauert. Erst, als sie ihren heutigen Mann, einen Deutschen, kennen lernte, konnte sie mehr zur Ruhe kommen. Daher war anzunehmen, dass die schwere Traumatisierung der Mutter Einfluss auf die Tochter hat.

Die Beraterin arbeitet in der Folgezeit mit Annelie viel anhand ihrer Animefiguren, die als Vorbild dienen. Innerhalb der Gespräche konnte eine sichere Situation aufgebaut werden. Freundschaften in der Schule veränderten sich positiv, so schlief sie hin und wieder bei einer Freundin. Der hinzugezogene Arzt diagnostizierte eine Depression, Annelie weigerte sich jedoch Medikamente zu nehmen. In der Folgezeit entwickelte Annelie sich sehr positiv, auch wenn dies von den Eltern nicht so gesehen wurde. Insbesondere die Mutter erwartete, dass sie sich mehr anpasst, z.B. wollte sie nicht mehr an einem Familientreffen teilnehmen. Annelie setzte sich vermehrt mit ihrer Zukunft auseinander, die Ängste reduzierten sich und sie distanzierte sich zunehmend mehr von den Eltern. In der Folgezeit fanden Gespräche in größeren Abständen statt, die Beratung wurde nach drei Jahren beendet.

Insgesamt sind die Befunde in Bezug auf die Weitergabe von Traumata noch widersprüchlich. In einigen Studien wurden keine klaren transgenerationalen Effekte gefunden (siehe Brisch 2022). Größere Studien über die Weitergabe von Traumata des Zweiten Weltkrieges fehlen bis heute. Klinische Stichproben zeigen am Ehesten relevante Auffälligkeiten in der zweiten Generation. Zudem beeinflusst, ob ein Elternteil oder beide traumatisiert wurden und ob andere Angehörige elterliche Aufgaben übernehmen können (vgl. Hantke, Görges 2012; Roth u. Strüber 2014).

Diese Phänomene versuchen verschiedene Modelle zu erklären:

- Psychodynamische Theorien beziehen sich auf unbewusst übertragene Emotionen in den interpersonellen Beziehungen. Als ein zentraler Mechanismus wird der Vorgang der Identifikation beschrieben, bei der eine Person, ein Aspekt, eine Eigenschaft oder ein Attribut des*der Anderen assimiliert wird und sich jemand vollständig oder teilweise nach dem Vorbild des anderen umwandelt. Die Übermittlung dieser Effekte erfolgt auch auf leiblichen Ebenen. Durch Körperhaltung, Bewegung, Gestik Mimik, Blick, Stimme und durch diverse bzw. versagte Berührungen werden die mit den Traumata verbundenen Emotionen weitergegeben (Glaesmer et al. 2018).

- Soziokulturelle Theorien gehen von Modelllernen und Erziehung aus, das Medium der Weitergabe ist die Sozialisation. Die Übertragung geschieht über soziale Normen und Überzeugungen.
- Familiensystemische Theorien betonen insbesondere emotionale Verstrickungen, die Weitergabe der Traumata geschieht über die Kommunikation. Loyalitätskonflikte können eine große Rolle spielen, wenn sie dazu führen, dass elterliches Verhalten nicht hinterfragt wird und die Kinder so zu Komplizen der Eltern gemacht werden. Es wird davon ausgegangen, dass Bindungsstile mit ihrem spezifischen Pflege- und Erziehungsverhalten weitergegeben werden. Unverarbeitete Traumata und Trauer der Eltern führen demnach oftmals zu ängstlichem, hilflosem oder inkonsistentem elterlichen Verhalten und zeigen sich in einer desorganisierten Bindung zum Kind. Angenommen wird, dass traumatisierte Mütter in der Wahrnehmung ihrer Kinder beeinträchtigt sind. In der Kommunikation werden unverarbeitete traumatische Erfahrungen in inkohärenten Sprachstilen, Gedankenabbrüchen und tranceartigen Zuständen deutlich. Im Verschweigen („Schweigepakt") der traumatischen Erlebnisse wird ein weiterer wichtiger transgenerationaler Übertragungsmechanismus vermutet. Das Kind spürt die Verletzungen und verhält sich schweigend, um die Eltern nicht zu verstimmen.
- Von Bedeutung sind die Spiegelneurone als die biologische Basis des Mitgefühls (vgl. Häusser 2012). Studien von Uithol, Haselager und Bekkering zeigen, dass es verschiedene neuronale Zentren im Gehirn gibt. Sie spiegeln sowohl selbst Wahrgenommenes als auch Wahrgenommenes bei anderen. Im prämotorischen Cortex des Gehirns (vgl. Häusser 2012: 327) werden unbewusst Intentionen eines Bewegungsaktes codiert, und zwar bevor ein kompletter Bewegungsakt erfolgt ist. Über die Aktivierung der Spiegelneurone werden Verhaltens- und Handlungsmuster transgenerational weitergegeben bzw. trainiert. Dies kann dazu führen, dass wir das Bedürfnis des Hel-

fen-wollens entwickeln, andererseits kann es dazu beitragen, dass wir die Affekte von Täter*innen spiegeln und deren gewalttätiges Verhaltensschema übernehmen (vgl. Bråten 2011).

- Die Epigenetik untersucht die Faktoren, welche die Genome in den Zellen von Organismen beeinflussen, sodass diese dauerhaften Veränderungen oder Behinderungen erfahren. Es wird angenommen, dass traumatische Erfahrungen die Epigenetik von Lebewesen stark verändern. Wiederkehrende Traumatisierungen, die über längere Zeiträume anhalten und in besonders hoher Intensität erlebt werden, lösen starke Stress- und Angstreaktionen aus. Sie verändern dadurch die Epigenome in den für Stressregulation zuständigen Zellen des Gehirns und des Hormonsystems. Dadurch wird unser Körper auch zukünftig bei Stress empfindlicher reagieren oder gar dauerhafte Stresssymptome ausbilden. Die Ursache für dieses Phänomen ist eine „Methylierung und damit Ausschaltung des Glucocorticoid-Rezeptor-Gens im Hippocampus“ (vgl. Schickedanz 2012: 76). Es können sich auch die Keimzellen (Ei- und Samenzellen) von Menschen verändern, durch welche diese epigenetische Anpassung weitervererbt wird (vgl. Spork 2017: 357). „Persönlichkeit und Krankheitsanfälligkeit sind deshalb nicht nur eine Frage der geerbten Gene, sondern immer auch der epigenetischen Prägung aus der Vergangenheit“ (vgl. ebd.). Es gibt Lebensphasen, in welchen Menschen besonders empfindlich und anfällig für epigenetische Veränderungen sind: der Fötus/Embryo während der Schwangerschaft, während der Geburt, in der frühen Kindheit und in der Jugend. Während dieser Phasen prägen traumatische Erfahrungen die Veränderungen des Genmaterials besonders stark. Die Wirkung ist dosisabhängig und kumulativ (vgl. Schickedanz 2012). Weiter wurde bei Untersuchungen an Ratten bestätigt, dass diese Veränderung an weitere Generationen vererbt wurde (vgl. ebd.). Die Gegenprobe des Versuchs zeigte, dass eine verminderte Stressresistenz rückgängig gemacht werden konnte, wenn die unterversorgten Rattenbabys rechtzeitig von fürsorglichen Rattenmüttern adoptiert wurden. Dauerte die Vernachlässigung zu lange, blieben die verminderten Stressresistenzen lebenslänglich erhalten und wurden weitervererbt (vgl. ebd.). Elbert und Schauer (2022) fassen Studien zusammen und zeigen auf, wie die Genexpression sich insbesondere in den Regulatorensystemen verändert und auf nachfolgende Generation übertragen werden. Stressreiche Umwelterfahrungen von Eltern und Großeltern wirken so bei den Kindern und Eltern, selbst dann, wenn sie ihre Vorfahren nie kennengelernt haben.

- Aus einer psychoneuroimmunologischen Perspektive, so Schubert (2015), beeinflussen sich generell in biosoziopsychologischen Systemen Nerven-, Hormon- und Immunsystem wechselseitig. Damit haben auch die Psyche und das soziale Umfeld Einfluss auf das Immunsystem. So verweist Schubert (2015) auf empirisch belegte Zusammenhänge von Missbrauchs-, Misshandlungs- und Vernachlässigungserfahrungen mit schweren Entzündungserkrankungen im Erwachsenenalter und einer insgesamt geringeren Lebenserwartung.

Deutlich wird, dass die lebens- und familiengeschichtliche Entwicklung immer im Kontext gesellschaftlicher und zeitgeschichtlicher Prozesse zu betrachten sind. Rückkopplungsprozesse von gesellschaftlichen und zeitgeschichtlichen Entwicklungen wirken auf die Familiengeschichte und die individuelle Lebensentwicklung ein (Girrulat, Stachowske 2012). Für die Bewältigung traumatischer Erfahrungen bedarf es eines gesellschaftlichen Diskurses über die historische Wahrheit und die Anerkennung von Verursachung und Schuld. Exemplarisch kann dies für die BRD und die DDR in Bezug auf den Umgang mit dem Holocaust dargestellt werden. So fanden bis Mitte der 1960er Jahre in der BRD eine Tabuisierung und eine Nicht-Thematisierung des Holocaust und der Traumata des Zweiten Weltkrieges statt. In der DDR gab es hingegen eine offizielle Entnazifizierung; mit den Folgen der traumatischen Erfahrungen beschäftigte man sich dort ebenfalls kaum. Mit der Studentenbewegung reagierte die 68-Generation mit Wut und Unverständnis auf die Rechtfertigungen der Elterngeneration. In einer dritten Phase der Vergangenheitsbewältigung lässt sich bis heute ein teilweises öffentliches Interesse beschreiben.

Die Traumaberatung hat somit diese Phänomene im Kontakt mit traumatisierten Familien ebenfalls zu reflektieren.

5 Hinweise für die Beratung

In diesem Kapitel werden verschiedenste Hinweise im Kontext der Beratung von traumatisierten Menschen gegeben. Akute Hilfen sollten frühzeitig erfolgen, hierauf wird im Kapitel 6.1 näher eingegangen. Bei vielen der im Weiteren vorgestellten Thematiken können Paar- oder Familienberatungen (bzw. Therapien) nützlich sein. Eine traumasensible Beratung kann z.B. helfen Streitmuster zu unterbrechen oder Formen eines Dissoziationsstopps vermitteln. Traumaberatung richtet sich zunächst an die Familienangehörigen, wobei auch die Geschwistersubsysteme zu fokussieren sind. Die Beratung kann sich jedoch an weitere relevante Personen, wie zum Beispiel Freund*innen der betroffenen Kinder oder die Großeltern richten. Oftmals werden von den Angehörigen oder Mitgliedern der sozialen Netzwerke typische Symptome einer Traumatisierung nicht richtig eingeordnet und verstanden. Dieses mangelnde Verständnis oder auch Desinteresse kann zu weiteren Problemen und Spannungen in den Familien beitragen. Für die Praxis bedeutet dies, dass eventuell psychoedukative Interventionen (s. Kap. 5.2.) in den Familien oder weiteren sozialen Netzwerken angebracht sind.

Generell sollten die Angehörigen und eventuell weitere Personen einer traumatisierten Person proaktiv gefragt werden, ob sie Unterstützung wünschen. Im Mittelpunkt jeder Unterstützung steht der Aufbau einer tragfähigen beraterischen Beziehung. Jede Traumaberatung beginnt mit einer Stabilisierung und häufig zudem in einer Einschätzung möglicher Selbst- und Fremdgefährdungstendenzen. Weitere allgemeine Ziele sind die Abklärung der Affektregulation, ein Selbst- und Beziehungsmanagement und der Aufbau von intra- und interpersonellen Ressourcen, möglicherweise mit Methoden der imaginativen Selbstberuhigung (z.B. mit Hilfe eines Entspannungstrainings). Des Weiteren sollte überlegt werden, ob neben einer Stützung des sozialen Netzwerkes, Hilfen einer Symptomkontrolle (z. B. durch Distanzierungstechniken) oder Kunst- und Gestaltungs-, Ergo- sowie körpertherapeutische Verfahren hilfreich sind.

Frühzeitig sollte erörtert werden, ob eine Vermittlung in eine Traumatherapie passend ist, bzw. wann der richtige Zeitpunkt hierfür vorhanden ist. Leider bestehen oftmals für Traumatherapien erhebliche Wartezeiten, sodass auch zu überlegen ist ob bereits mit einer Traumaberatung begonnen werden sollte. Für eine Konfrontation mit dem Trauma in einer Therapie gilt: Während Wissenschaftler früher glaubten, dass eine Auseinandersetzung mit einem Trauma frühzeitig erfolgen sollte, gilt heute, dass Menschen selbst über den richtigen Zeitpunkt entscheiden sollen. Oftmals wird von den Betroffenen keine Konfrontation gewünscht.

Wenn die Eltern Probleme haben die Erziehungsaufgaben angemessen zu übernehmen, ist proaktiv u.a. zu überlegen:

- ob die Eltern die Bedürfnisse der Kinder wahrnehmen und sie angemessen unterstützen können,
- ob eigene Traumata bei den Eltern „angetriggert" oder sich eigene Problematiken in ihrer Lebensgeschichte entwickelt haben (z.B. psychische Erkrankungen, Suchterkrankungen). Eventuell kann es hier zu einer erneuten „Erkrankung" kommen,
- ob bereits eine Bindungsproblematik bei den Eltern vorliegt.
- Wissen die Eltern um den Einfluss ihrer eigenen belastenden oder auch traumatischen Erfahrungen sind sie eher in der Lage ihre Verhaltensweisen zu reflektieren und entsprechend Verantwortung zu übernehmen,
- übernehmen die Kinder eine unangemessene Rolle[39] im Familienleben (insbesondere, wenn sie unangemessene Verantwor-

39 Im unmittelbaren Interaktionsgeschehen äußern sich Rollen durch bestimmte Handlungen und Verhaltensweisen. Die für die Funktionstüchtigkeit des Systems Familie bedeutsamsten Rollentypen sind die Geschlechts- und Generationsrollen. Bei der Beurteilung der Rollen in Familien kann unterschieden werden, ob diese wechseln (langsam oder schnell) oder ob sie dauerhaft festgelegt sind. Informelle Rollen, die durch eine Rollenzuweisung zustande kommen (z.B. Schwarzes Schaf, Außenseiter*in u.a.) sind zu unterscheiden von formal bestimmten Familienrollen (Mutter, Vater, Großmutter u.a.). Je besser die Rollen innerhalb eines Systems aufeinander abgestimmt sind, desto eher werden Störungen des Zusammenlebens und der Sozialisation vermieden. Widerspricht die Rolleneinnahme den vorgegebenen Erwartungen oder sind die Rollen in sich widersprüchlich, kann es zu Konflikten und in deren Folge

tung für Geschwister oder die Elternteile übernehmen), ist dies zu thematisieren. Kindern kann die Rolle des umworbenen oder umstrittenen Bundesgenossen zugewiesen werden oder es können auf ein Familienmitglied negative Impulse übertragen werden (z.B. als „Sündenbock"). Problematisch sind zudem zu beobachtende Substitute. Das Kind kann einerseits ein Substitut für einen anderen Partner (Gattensubstitut) sein oder das Kind übernimmt die Elternrolle für die Eltern bzw. für einen Elternteil (Elternsubstitut). Dies beinhaltet eine Generations-, bzw. Rollenumkehr.

Generell sind die psychosozialen Helfer*innen bei massiven Problemen gefordert zu überprüfen (oder bei Verdacht gegebenenfalls prüfen zu lassen), ob eine Kindeswohlgefährdung vorliegt. Zudem ist partizipativ zu erörtern, welche weiteren Hilfsangebote entwickelt werden könnten. Hilfen zur Erziehung müssen oftmals ganzheitlich und langfristig geplant werden. Dies benötigt eine flexible Kooperation verschiedenster Institutionen und beinhaltet Psychoedukation, spezifische Krisenintervention, Diagnostik, ebenso wie möglicherweise eine psychotherapeutische Traumatherapie.

Den Institutionen Kitas und Schule kommt als sicherem Ort eine besondere Bedeutung zu (Abt 2018). Schulen und Kitas stehen vor der Aufgabe pädagogische Antworten und Handlungsmöglichkeiten im Umgang mit traumatisierten Kindern und Jugendlichen zu finden. Manchmal sind die Kinder und Jugendlichen auch kaum ansprechbar, sie „explodieren" bei Kleinigkeiten und verhalten sich nicht mehr altersgemäß (z.B. erneutes Einnässen). Sicherheit gestaltet sich einerseits durch die äußere

zu „Pathologien" kommen. Zu problematischen Wirkungen kommt es besonders dann, wenn Rollendefinitionen angesichts fälliger Entwicklungen erstarren und es zu Triangulierungen und zu Parentifizierungen kommt. Der Begriff der Triangulierung meint zum einen lediglich eine Beschreibung der Beziehungen zwischen mindestens drei Personen und zum anderen die Erweiterung einer konflikthaften Zweierbeziehung um eine dritte Person, die den Konflikt verdecken oder entschärfen soll. Parentifizierung meint eine Umkehr der sozialen Rollen zwischen Elternteilen und ihrem Kind. Es kommt zu einer Diffusion der Generationsgrenzen im Familiensystem, oftmals übernimmt das Kind in überzogenem Maße „Eltern-Funktionen".

Sicherheit, durch räumliche Gegebenheiten die Rückzugsmöglichkeiten bieten und einen offenen Umgang mit dem Thema Gewalt. Sichere Beziehungen zu den Erzieher*innen, Lehrer*innen und Sozialpädagog*innen sind äußerst bedeutsam. Möglicherweise ist die erlittene Traumatisierung auch mit der ganzen Klasse zu thematisieren. Hieraus können sich auch Unterstützungsangebote durch Freund*innen oder die Mitschüler*innen ergeben (Abt 2018).

Erzieher*innen und Lehrer*innen benötigen oftmals Informationen über Traumata um mit den herausfordernden Verhaltensweisen angemessen umgehen zu können. Schulen und Kitas sind besonders gefordert, wenn es zu aggressiven Verhaltensweisen oder zu Vermeidungsverhalten (z. B. plötzliches Weglaufen) kommt.

Zu wenig beachtet werden häufig die Belastungen für die Geschwister. So neigen bspw. die nicht traumatisierten Geschwisterkinder dazu, eigene Belastungen zu verleugnen oder sie entwickeln Schuldgefühle, wenn sie daran denken, dass das „Schlimme" dem Geschwisterkind zugestoßen ist. Größere Geschwisterkinder können für das kleinere Geschwisterkind „Beschützerinstinkte" entwickeln, die zu einer übersteigerten Identifizierung mit dem kleinen Kind führen. Oftmals erhalten die Geschwisterkinder zu wenig Zuwendung durch die Eltern.

Bevor weitere Interventionen in der Beratung erörtert werden, soll das sogenannte Traumaviereck nach Hantke und Görges (2012) vorgestellt werden. Mit diesem Modell können zum einen familiäre Dynamiken und zum anderen zugleich die der Helfer*innen, bzw. in den Helfer*innensystemen beschrieben werden. Es bietet somit die Möglichkeit die wirkenden Ansteckungsprozesse und Übertragungs- und Gegenübertragungsprozesse der Helfer*innen zu reflektieren.

Zunächst soll nochmals betont werden: Traumatisierungen, die durch Menschen verursacht wurden, finden immer auch in einem Beziehungsgeflecht statt, welches u.a. durch Übertragungsphänomene Einfluss auf die Dynamiken im Hilfesystem nimmt. Helfer*innen übernehmen typischerweise (unbewusst) Rollen, die oftmals aus dem Herkunftssystem der traumatisierten Kinder oder Eltern stammen. Auch das eigene Involviert-Sein, mögliche eigene belastende Erfahrungen, fließen immer wieder ein.

Solche „Verwicklungen“ kennen Helfer*innen z.B. in der Kinder- und Jugendhilfe aus Alltags-situationen: das eine Kind löst in uns Aggressionen aus, dass andere würden wir am liebsten sofort mit nach Hause nehmen, beim Gedanken an den Kontakt zu manchen Eltern würden wir uns am liebsten verstecken, bei einer jungen Mutter haben wir das Gefühl, wir können nicht mal in den Urlaub fahren, da sie ohne unsere Unterstützung überfordert wäre. Oftmals handeln wir in emotionalisierten Dynamiken, es fällt uns z.B. immer schwerer abzuschalten und wir handeln teilweise ganz anders als wir beabsichtig haben. Hier ist wichtig zu betonen: Diese Gefühle und Muster sind ganz normal, insbesondere in der Arbeit mit belasteten Kindern und Familien. Wichtig ist, dass wir sie immer wieder reflektieren und zu unserer professionellen Position zurückkehren.

Hantke und Görges (2012) haben zum Verständnis dieser Prozesse ein nützliches Modell entwickelt. Sie benennen für ihr Modell des Trauma-Vierecks die idealtypischen Rollen Opfer, Täter*in, Retter*in und Mitwisser*in und die Rolle einer „empathischen Zeuge*in“, welche sich außerhalb der Dynamik befindet. In Abbildung 3 werden diese Rollen grafisch vorgestellt.

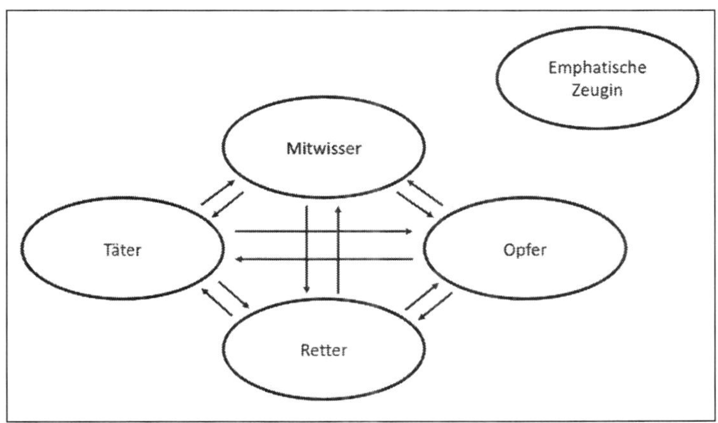

Abbildung 3: Das Traumaviereck (Hantke u. Görges 2012: 142)

Grundsätzlich sind die Rollen Täter*in, Opfer, Mitwisser*in und Retter*in des Traumavierecks weder im Herkunftssystem der traumatisierten Menschen noch im Hilfesystem festgelegt und statisch, sondern sie gehen ineinander über und können möglicherweise schnell wechseln. Im Weiteren sollen die Rollen vorgestellt werden:

Täter*innenrolle: Merken wir, dass uns ein Kind oder ein Erwachsener wütend macht, kann der Wunsch auftreten, diese Person am liebsten schütteln zu wollen, damit endlich verstanden wird, was geschehen soll. Wir werden immer ungeduldiger und angespannter (oberes Erregungsniveau) und sind unbewusst in eine Täter*innenrolle „gerutscht". Die Anspannung der Klient*innen hat sich auf uns übertragen. Auch wenn wir eigentlich wissen, dass unsere Anspannung die Situation nur weiter verschärft, können wir dies in diesem Moment nicht so einfach ändern. In dieser Rolle sind wir zunehmend genervt, werden laut, ungeduldiger und aggressiver. Die anderen gehen uns nur noch auf die Nerven. Typisch können die folgenden Impulse sein: „manchmal kriege ich diese kalte Wut", „diese Typen könnte ich nehmen und schütteln", „wenn jetzt noch jemand was von mir will, dann raste ich aus", „wenn mich jetzt noch einer schräg anschaut, ist er fällig".

Opfergefühle kennen wir alle, denn jeder hat bereits Hilflosigkeit oder Ohnmacht erlebt. In dieser Rolle entwickeln wir im Kontakt mit einem Kind oder auch dem erwachsenen Klient*innen Gefühle von Angst und Hilflosigkeit, wissen einfach nicht mehr weiter, wenn z.B. das Kind schon wieder anfängt zu schreien oder aggressiv zu werden. Wir beginnen dem Kind/Erwachsenen in unserer Hilflosigkeit z.B. immer wieder auszuweichen. Möglich sind bspw. auch diese Ausdrucksformen:

- mir fällt nichts ein, was ich sagen kann,
- ich fühle mich hilflos, wenn diese Person vor mir steht,
- wenn ich die Klient*innen sehe, habe ich den Impuls wegzulaufen,
- ich habe das Gefühl, dass wir doch nichts ändern können und alles gar keinen Zweck hat,
- ich habe Angst vor den Aggressionen in der Einrichtung (Kinder- und Jugendhilfe, Kita, Schule etc.).

In der Opferrolle geht es mir schlecht und ich fühle mich hilflos. Die anderen erlebe ich als Täter*in (den*die Chef*in, Kolleg*innen, Angehörige, die Klient*in oder Institutionsvertreter*innen), ich erlebe sie typischerweise als fordernd, undankbar, kontrollierend oder aggressiv. In diese Situation können wir schnell vom Opfer zum „inneren" oder handelnden Täter/Täterin werden, indem wir z.B. abwertend, aggressiv reagieren. Denn, so Hantke und Görges (2012), Gefühle stecken an. Nochmals soll betont werden: Solche Gefühle sind normal, wenn wir mit Opfern von Gewalt arbeiten.

Mittwisser*in: Manchmal passiert es auch, dass uns Klient*innen ein belastendes Erlebnis erzählt, wir an dem Tag vielleicht mit den Gedanken woanders sind und die Erzählung gedanklich runterspielen („ach, das wird schon nicht so schlimm gewesen sein") und uns aufgrund eigener Überlastung oder der Scheu vor Verantwortung raushalten wollen. Hier sind wir möglicherweise in die Rolle des Mitwissers bzw. der Mitwisserin geraten. Mitwisser*innen sind die, die etwas wissen und nichts tun oder die etwas gar nicht erst wissen wollen. Typisch für diese Situation sind folgende Beschreibungen:

- ich glaube nicht, dass wir uns da einmischen sollten, das müssen die doch wohl allein regeln,
- der Mann hat das doch wohl selbst provoziert,
- so etwas würde meine Kollegin nie machen,
- so schlimm wird es nicht gewesen sein,
- Zeugen gibt es dafür nicht,
- in unserer Einrichtung kommt sowas nicht vor,
- da kann man nichts machen.

In dieser Position versuchen wir uns rauszuhalten, wir vermuten oder wissen doch, dass Handeln notwendig wäre, wir erleben uns jedoch als hilflos und haben Angst Verantwortung zu übernehmen. Hier besteht die Gefahr die Opfer allein zu lassen und die Täter*innen zu „decken".

Retter*in: Besonders häufig übernehmen Fachkräfte die Position der Retter*in. Hier haben wir das Gefühl, dass wir die alleinige Verantwortung für eine Situation tragen und unentbehrlich sind („Wenn nicht ich dem Kind / Erwachsenen jetzt sofort helfe, wird es sonst kein Mensch tun!"). Wir haben das Gefühl, was wir tun, scheint nie genug zu sein, gleichzeitig sehen wir den ständigen Bedarf an neuen Handlungen und Verantwortungen.

In allen vier Rollen verstricken wir uns, ähnlich wie auch die Kinder und Familien, in ungünstige Dynamiken und Muster. Es kann auch vorkommen, dass ganze Teams diese Rollen unreflektiert übernehmen und unbewusst unter sich aufteilen. Ein Bewusstsein über die Rollen des Trauma-Vierecks und ein regelmäßiges Zurücktreten, Durchatmen und die eigene Position selbst oder im Team zu reflektieren, hilft, aus dieser Dynamik auszubrechen.

Hantke und Görges (2012: 182f.) stellen als professionellen Gegenentwurf eine fünfte Rolle vor, die sich außerhalb der Dynamik befindet: die empathische Zeugin. In dieser Rolle befinden wir uns als Fachkräfte in einer angemessenen Distanz bei gleichzeitiger Empathie, Respekt, Transparenz und Offenheit. Wir sind in dieser Rolle parteilich, und stellen uns im Arbeitskontext in einer angemessenen Beziehung zur Verfügung, um Ressourcen, Neubeschreibungen und Lösungen zu finden. Wir haben Respekt vor dem, was die Klient*innen versuchen, gemeistert und ausprobiert haben. Wir können Distanz einnehmen, um Abläufe besser betrachten zu können und stehen vor allem selbst im eigenen Leben und behalten genug Distanz.

Emphatische Zeugen nehmen am Leben der Klienten*innen Anteil, aber sie bleiben „außerhalb“ und wissen, wie sie dies gewährleisten können. Aus dieser Position heraus können die Verstrickungen und Verwicklungen innerhalb der Institutionen eher betrachtet werden, ohne in eigene Hilflosigkeitsmuster zu verfallen. Wir sind uns bewusst, dass wir im Alltag immer wieder in Rollen des Trauma-Vierecks rutschen können, gleichzeitig fragen wir uns bei starken Gefühlen gegenüber Klient*innen oder den Bezugspersonen immer wieder, woher die Gefühle kommen, überprüfen ihre Angemessenheit und reflektieren unsere Position. Wir nehmen uns Zeit für die Reflexion alleine oder auch im Team und überlegen immer wieder, was wir brauchen, um den nötigen Abstand zu wahren und einen professionellen Überblick zu halten. Nützlich ist es auch wahrzunehmen, was im Moment hilfreich ist. Dies kann ein Glas Wasser sein oder eine Entspannungsübung. Nützlich kann auch ein Gegenstand, ein Erinnerungsanker, z.B. ein Kleidungsstück sein, dass uns an diese Haltung erinnert. Auch kann eine traumapädagogische Grundhaltung und ein ressourcenorientierter Blick auf uns selbst entlastend sein – indem wir uns immer wieder klar machen, dass wir, wenn wir als Fachkraft für die Klient*innen da sind, sie ernst nehmen und ihnen im Rahmen unserer Möglichkeiten einen „sicheren Ort' bieten und ihnen Alternativerfahrungen zum erlebten Trauma anbieten.

Die hier beschriebenen Rollen zeigen sich insbesondere bei schweren Formen[40] von Vernachlässigung, körperlicher und sexueller Gewalt[41] (Kindesmissbrauch [42]) in den Familien und den Helfer*innensystemen und weisen somit auch auf die intensiven Herausforderungen der Fachkräfte hin. Diese sind gefordert ihre Empfindungen und Gegenübertragungsphänomene zu reflektieren.

Besonders tragisch ist es, dass eine erhebliche Anzahl der kindlichen und jugendlichen Opfer als Erwachsene zum Täter oder auch zur Täterin werden. Dudek (2019) weist darauf hin, dass die Prävalenz für Sexualdelikte bei Personen, die als Kinder sexuell missbraucht wurden bei ca. 12 % liegt. Sexueller Missbrauch in der Kindheit bedeutet daher im Vergleich zu anderen frühen Traumata ein nahezu fünffach erhöhtes Risiko für die Opfer später selber Sexualstraftäter*in zu werden. Vermutlich wirkt

40 Je jünger die betroffene Person zum Zeitpunkt der Traumatisierung ist und je länger ein Trauma dauert, desto größer ist die Wahrscheinlichkeit, dass Störungen der Affektregulation entstehen, die für die spätere Ausbildung schwerer dissozialer Merkmale von großer Bedeutung sind.

41 Aufgrund der besonderen Bedeutung der Schwere der dann oft lebenslangen Traumata sollen einige Anmerkungen zur sexuellen Gewalt angefügt werden. Fischer und Riedesser (2020) fassen in Bezug auf die Epidemiologie zusammen, dass Studien relativ übereinstimmend zu dem Ergebnis kommen, dass ca. 30 % der Frauen und 10 % der Männer von unfreiwilligen sexuellen Kontakten vor dem 18. Lebensjahr berichten. Studien zeigen, dass Personen mit Missbrauchserfahrung in der Kindheit von psychischen Gesundheitsproblemen im späteren Leben berichten. Täter sind überwiegend Männer, beteiligt seien zu ca. 10 % Frauen (Fischer und Riedesser 2020. Häufig ist der Vater oder Stiefvater Täter. Täter sind jedoch auch weitere Verwandte, auch Brüder und Täter aus dem Bekanntenkreis, hier insbesondere Priester oder z.B. ehrenamtliche Sportlehrer.

42 Problematisch am Begriff des Missbrauches ist, dass dieser impliziert, dass ein „Gebrauch" eines Menschen akzeptabel ist. Besser ist es daher m.E. von „sexueller Gewalt" oder „sexuellen Übergriffen" zu sprechen.

hier u.a. als eine Form der Bewältigung des Traumas eine Identifikation mit dem Täter (manchmal auch der Täterin), die zu sogenannten Täteranteilen führt. Diese Täteranteile finden sich häufig in Form von Selbstbeschuldigungen oder Selbstverletzungen, aber eben auch in realem Täterverhalten (siehe z. B. Peichl 2018, Dudek 2019). So verweist auch Huber (2023) darauf, dass nicht wenige Traumaüberlebende ihren Kindern das antun, was ihnen selbst angetan wurde. Besonders in stressreichen Situationen sei die Versuchung groß zu demselben Mittel zu greifen, welches sie selber erfahren haben. Nach ihren Erfahrungen trifft dies auch auf Menschen zu, die sich in ihrer Alltagspersönlichkeit sehr bemühen eine gute Mutter bzw. ein guter Vater zu sein. Daher sei es wichtig traumatisierte Klient*innen zu fragen, was sie machen, wenn ihre Kinder krank sind, wenn sie weinen, ins Bett machen, sich erbrechen u.a. Solche Täterimitate sind erfahrungsgemäß schwer wertfrei zu akzeptieren. Dies ist insbesondere dann der Fall, wenn Täteranteile in z.B. Schulen „inszeniert" werden und dort zu weiteren vielfältigen Folgeproblemen führen.

Im Weiteren sollen Haltungen und Schritte in der Arbeit mit traumatisierten Familien benannt werden.

Traumaberatungen beginnen in der Regel – falls keine akute Unterstützung notwendig ist – mit dem Beziehungsaufbau, einer Stabilisierung[43] (s. Kap. 5.5) und der Psychoedukation (s. Kap. 5.2). Besonders bedeutsam sind die Erkundung und Erweiterung der Ressourcen der Familie und die Förderung von Zuversicht. Symptome können als „normal" für die schlimme Situation

43 Herzog et.al. (2023) weisen jedoch mit Bezug auf umfangreiche Forschungsergebnisse darauf hin, dass es ein Mythos sei, insbesondere für multipel und komplex traumatisierte Personen vor der traumafokussierten Intervention eine stabilisierende Behandlung durchzuführen. Auch die S3-Leitlinien zur PTBS-Behandlung weisen auf die fehlende Evidenz stabilisierender Methoden hin. Im Vergleich zwischen Therapien mit und ohne einer Stabilisierungsphase zu Beginn hätten sich keine Unterschiede in der akuten Wirksamkeit, der Stabilität der Effekte in Katamneseerhebungen, der Abbruchraten oder unerwünschter Nebenwirkungen gezeigt. Die Autoren führen aus: „Klinisch interpretiert: es vergingen – ohne nachweisbaren Zusatznutzen – in der Regel mehrere Monate, bis das eigentliche Problem wirksam behandelt wurde." (a.a.O., S. 33). Diese Forschungen werden möglichweise dazu beitragen, dass sich zukünftig die Traumabehandlungen insoweit verändern, dass die Phase der Traumabegegnung im Mittelpunkt stehen wird.

reframt werden. Ziel ist die innerfamiliäre Unterstützung auszubauen. Kinder und Jugendliche benötigen mindestens eine sichere Bezugsperson. Neue Regeln und Formen familiärer Kommunikation können angesprochen werden, um eine emotionale Öffnung zu fördern und Unterschiede im emotionalen Erleben zu ermöglichen. Ziele sind oftmals zudem eine Stärkung der parentalen Kompetenz mit einer Stärkung der Verantwortlichkeit und der Wirksamkeitsüberzeugung, dies beinhaltet eine Förderung der Wahrnehmung und der Selbstreflexion aller Beteiligten. Ein mittelfristiges Ziel ist die Beeinflussung der Bindungskompetenz bei ebenfalls traumatisierten Eltern, die durch ihre eigenen, häufig unreflektierten Überforderungserfahrungen andere Personen wenig unterstützen können.

In Anlehnung an Korittko und Pleyer (2016) sollen weitere Ansatzpunkte benannt werden:

- haltgebende Normalität unterstützt mit Verlässlichkeit und Struktur der Rituale des Familienlebens und im Beratungskontext,
- Misstrauen akzeptieren, um Vertrauen zu schaffen,
- Traumafolgen als normale Reaktion auf abnormale Belastung reframen, um das Unakzeptierte zu akzeptieren und in der Beratung eine akzeptierende, nicht beurteilende Haltung gegenüber den manchmal schwer erträglichen dissoziativen Mechanismen zu erreichen,
- Halt geben und nicht ausschließlich informieren,
- nicht zu lange im Klagen über Defizite etc. zu verweilen, da traumatisierte Menschen oftmals die Welt mit einem Tunnelblick betrachten,
- den Bindungskräften vertrauen,
- Aufmerksamkeit auf die Selbstbeobachtung richten,
- Bescheidenheit in der Zielsetzung,
- einen Kontext schaffen, der Veränderungen anregt,
- Beratung als neues Ritual nutzen (mit Respekt und Wertschätzung),
- Vertrauen, Verbindlichkeit und Optimismus vermitteln,
- mit Akuthilfen rechnen,
- Kinder sollten nicht gedrängt werden über ihre traumatischen Erfahrungen zu sprechen. Wenn sie hierüber sprechen möch-

ten, sollten sie nicht zu den Details des Erlebten ausgefragt werden.

- eine Haltung als Berater*in einnehmen, die davon ausgeht, dass die Verantwortung bei den Eltern liegt, alles bedarf ihres Wissens und ihrer Zustimmung,
- Kooperation als Weg und Ziel verstehen.
- Verstehen, dass Offenheit in der Kommunikation ein hohes Risiko beinhalten kann, da oftmals wenig Selbstsicherheit und verminderte soziale Kompetenzen bestehen. Sie ist jedoch eine Chance dissoziative Muster zu überwinden. Daher ist es sinnvoll, Offenheit explizit als Lernziel zu formulieren. Z. B.: „Was darf ich Ihnen von meinen Wahrnehmungen über Sie oder Ihr Kind offen mitteilen, ohne dass es sie verletzt?" „Wenn Sie Kritik an uns haben, z. B. daran, wie wir mit Ihnen oder Ihrem Kind umgegangen sind, wie werden das merken?"
- Fehldeutungen kindlicher Signale der Familienmitglieder sind zu thematisieren: Viele Eltern zeigen Auffälligkeiten in der Art, wie sie ihr „Problemkind" und dessen Signale wahrnehmen. Insbesondere werden Botschaften, so Korittko und Pleyer (2016), die sich auf das Symptomverhalten beziehen und quasi metaphorisch verdichten, nicht angemessen wahrgenommen oder unangemessen interpretiert.
- Wahrnehmungsdefizite lassen sich auch im Kontext von Mentalisierungsdefiziten (siehe das Kapitel 5.3.) verstehen.
- Konfliktvermeidung ist bei den Eltern zu beobachten, denn sie leben oftmals seit längeren in einem Dauerkonflikt, der weder zu einer Lösung führte noch anders beendet werden konnte. Dieses Konfliktverhalten ist zum angemessenen Zeitpunkt zu thematisieren.
- Verantwortungsdelegation: Oftmals findet sich eine deutliche Tendenz zu einer aktiven oder passiven Abgabe von Betreuungs- und Entscheidungsverantwortung an Außenstehende, bzw. an die professionellen Helfer*innen. Dies geschieht oftmals im Kontext einer ambivalenten Überzeugung, dass nur andere Personen an ihr Kind herankommen und es besser verstehen könnten. Meist erwarten die Eltern dann eine intensive therapeutische und pädagogische Beschäftigung mit dem Kind (Korittko und Pleyer 2016).

- Lern- und Prüfungsanforderungen sind anzupassen, wenn sie das Kind oder den Jugendlichen überfordern,
- die traumatisierte Person und die Angehörigen sollen verstehen und sich darauf vorbereiten, dass Veränderungen zu erreichen schwierig sein kann,
- Nähe und Enge sind zu vermeiden, wenn sie überfordern (so kann bspw. das Schaffen eines Ruheortes unterstützt werden),
- mit Auslösern für problematische Erinnerungen ist sensibel umgehen,
- kreative Ausdrucksmöglichkeiten wie Malen, musizieren oder basteln und Bewegungsmöglichkeiten aller Familienangehörigen sind zu unterstützen und
- insbesondere die positiven Eigenschaften und Stärken fördern und durch Lob verstärken.

Die Beratungsziele sollten positiv formuliert werden und überprüfbar sein. Zudem sollten sie realistisch und selbst erreichbar und zeitlich terminiert formuliert werden. Auf die Kompatibilität mit den übergeordneten Zielen sollte geachtet werden.

Beachtung finden sollte auch, dass sich viele Personen nach einer Traumatisierung weiterhin am selben Ort aufhalten müssen. Dies können Wohnungen, Klassenräume oder Arbeitsräume sein. Diese Räume können Auslöser für problematische Erinnerungen sein, die an erlebte Hilflosigkeit oder Ohnmacht erinnern. Hier besteht die Gefahr einer Retraumatisierung, sodass bspw. früh überlegt werden sollte, ob ein Wohnungswechsel notwendig ist. Generell sollten Trigger im Lebensraum analysiert werden, um gemeinsam mit der Familie zu überlegen, wie ein sicherer Raum neugestaltet werden kann. Möglicherweise sind z.B. Möbelstücke zu entfernen, Parfüme zu wechseln oder Kleidungsstücke zu entsorgen (Reinshagen 2016). Das Erkennen solcher traumareaktiven Muster kann die Belastung des Alltags und damit des Stresses reduzieren.

Manchmal führt eine Traumatisierung eines Familienmitgliedes nicht nur zu erheblichen Spannungen in den Familien, sondern auch zu Trennungen. Damit verknüpfte juristische und emotionale Aspekte (z.B. Vorwürfe eines fahrlässigen Handelns, Schuldvorwürfe, Schamgefühle) können zu einer weiteren Destabilisierung des Familiensystems beitragen.

Ein Fallbeispiel soll dies verdeutlichen:

> Der zwölfjährige Leon (Name geändert) wird von seiner Mutter in der Beratungsstelle vorgestellt, er ist Einzelkind von getrenntlebenden Eltern und lebt bei der Mutter. Alle zwei Wochen ist der am Wochenende beim Vater. Die Mutter berichtet, dass Leon seit einigen Monaten in der Schule „nachlässt", die Lehrer sagen, er sei unkonzentriert, fahrig und weinerlich. Im Gespräch berichtet die Mutter, er suche nach Gründen nicht zum Vater zu müssen, manchmal weigert er sich vehement.
>
> Nach mehreren Einzelgesprächen mit der Beraterin malt Leon die Wohnung von Vater und Mutter auf und zeichnet auch jeweils seinen Schlafplatz ein. Bei der Beschreibung von Vaters Wohnung zeigt er aufgeregt auf die Tür und wiederholt mehrmals: „Die muss zu" und „ich will einen Schlüssel dafür, dann kann Papa nicht mehr reinkommen." Im weiteren Verlauf des Gesprächs berichtet er, dass sich der Vater zu ihm ins Bett legen würde, ihn überall anfasse und er ihn an den Geschlechtsteilen berühren müsse.

In solchen Gesprächen ist es sehr bedeutsam keinesfalls suggestiv bei der Schilderung der Taten nachzufragen und den Gesprächsinhalt umfangreich zu protokollieren und zu dokumentieren, damit diese gerichtsverwertbar sind. (In diesem Fall machte der Vater beim Gerichtsprozess eine Aussage und bewahrte Leon davor selbst aussagen zu müssen.)

Hilfreich für eine traumatisierte Person und ihre Familienangehörigen kann auch die Möglichkeit eines Austauschs mit anderen Betroffenen sein. Angehörige brauchen die Möglichkeit, sich offen austauschen zu können, ohne Angst vor Verurteilungen haben zu müssen. Die Teilnahme an Selbsthilfegruppen ist zu unterstützen, mögliche „Nebenwirkungen"[44] sollten besprochen werden. Des Weiteren sollte gemeinsam mit den Betroffenen überlegt werden, ob die Vermittlung in ambulante oder stationäre Therapien und Rehabilitationsprogramme angemessen ist, bzw. ist bei den Angehörigen ein Bewusstsein für eine eigene Unterstützung / Behandlung „anzustoßen".

Wie bereits erwähnt ist ein wesentliches Ziel der Traumaberatung die Stärkung der Ressourcen. Von besonderer Bedeutung

44 So kann bspw. das Hören schlimmster Erlebnisse anderer Gruppenmitglieder noch stärker belasten.

sind die Schutzfaktoren, die nach einer Traumatisierung bei den Betroffenen und bei den Angehörigen vorhanden sind, bzw. vor dem Trauma benutzt werden konnten. Unterschieden werden intrapersonale und soziale Ressourcen. Zu den intrapersonalen Ressourcen gehören Ressourcen, wie die eigenen Fähigkeiten, Fertigkeiten, Kenntnisse, Interessen sowie Gedanken und Erfahrungen. Hierbei handelt es sich um Ressourcen, die durch den Menschen bereits erlernt wurden. Soziale Ressourcen umfassen hingegen schützende und helfende Faktoren, wie soziale Netzwerke, ökonomische Sicherheit und Status. Das Ziel der Traumaarbeit ist es, sowohl die intrapersonalen als auch die sozialen Ressourcen anzuregen und zu aktivieren, um eine Grundlage für die Traumabewältigung zu schaffen. Darüber hinaus gilt es, die Beratung, pädagogische Handlungskonzepte, Hilfepläne und Alltagssituationen so zu gestalten, dass die Stärken der Beteiligten deutlich werden und positive Erlebnisse stattfinden können. Als Ressourcen sind die Familienangehörigen und möglicherweise auch Freund*innen und weitere Personen des sozialen Netzwerkes von Bedeutung, wenn neue Formen der Kommunikation und der Stressverarbeitung eingeübt werden, um weitere belastende Situationen und Retraumatisierungen zu verhindern und somit die Familie und die Freundschaften zu sicheren heilenden Begegnungsräumen werden zu lassen (Hanswille 2019).

Wenn hingegen Defizite, Probleme und Schwächen fortwährend im Mittelpunkt der Betrachtung stehen, führt dies oft zu einer Problemtrance, in der keine Lösungen mehr gesehen werden. Die Fokussierung der Ressourcen trägt insgesamt zu einer Stabilisierung einer Person bedeutsam bei45.

Deutlich wird: Die Familienangehörige benötigen vielfältige Hilfen, diese beinhalten immer eine Psychoedukation (siehe Kap. 5.2) und können z.B. eine Vermittlung in weitere Hilfen, z.B. eine Schulaufgabenbetreuung, eine Unterstützung neuer soziale Kontakte bis hin zu einer Familientherapie enthalten. Auch eine tiergestützte Therapie ist häufig hilfreich. Verlorenes Vertrauen in sich selbst und andere kann über den Kontakt zu Tieren selbstwirksam erlebt werden (siehe ausführlicher z.B. Korittko 2021).

45 Im Kapitel 5.5 über die Stabilisierung und Stabilisierungstechniken werden ressourcenorientierte Techniken vorgestellt.

Die Angehörigen benötigen Informationen und eventuell ein Training, um die Stressreaktionen zu reduzieren.

Durch das Erleben, Einüben und Neubewerten von Situationen, wie sie das gemeinsame Tun in den Einzel-, Familien- oder Gruppengesprächen oder bewegungs- und sporttherapeutische Aktionen ermöglichen, können Neukonditionierungen der Amygdala erfolgen, indem Situationsbewertungen als „nicht mehr gefährlich/kontrollierbar" eingestuft werden. Dies kann jedoch nur gelingen, wenn ein sehr hohes Maß von Sicherheit vorhanden ist und durch ein narratives und spielerisches Klima „korrigierende alternative Erfahrungen" (Petzold 2022: 25) erfahren werden.

Traumaberatung als Hilfsangebot kann bei einer Reihe von Traumatisierungen nützlich sein, in vielen Fällen ist jedoch in eine vertiefende Traumatherapie zu vermitteln. Wenn die Familienangehörigen gelernt haben sich einen sicheren Ort zu schaffen und ihre Emotionen besser regulieren können, schaffen sie für die Traumatherapie und einer möglichen Traumabegegnung wichtige Voraussetzungen.

6 Weitere hilfreiche biopsychosoziale Interventionen und Techniken

In der Einleitung wurde angemerkt, dass Traumatisierungen in diesem Beitrag im Kontext eines biopsychosozialen Modells verstanden werden. Einführend wurde eine Übersicht von Retzmann (2021) über die Folgen komplexer Traumatisierungen aus dieser Perspektive vorgestellt. Aus einem biopsychosozialen Modell ergibt sich, dass auch die Interventionen biopsychosozial erfolgen sollten, denn biopsychosoziale Komponenten wirken zirkulär und beeinflussen sich vielfältig. So wirken sich z.B. Hilfen bei der Emotionsregulierung körperlich (weniger angespannt), psychisch (weniger Schamgefühle über die starken Gefühle) und sozial (bessere Kommunikation, sich besser verstanden fühlen) aus. In jedem Einzelfall sollte daher umfassend überlegt werden, welche Hilfen neben- und nacheinander unterstützend wirken können. So kann bspw. eine Schularbeitshilfe entlastend bei einem traumatisierten Kind (oder einem Geschwisterkind) wirken, diese Hilfe kann jedoch auch unpassend sein, wenn sie den Schulstress noch vergrößert. Dies trifft auch auf andere vielfältige Unterstützungsformen zu (z.B. Yoga, tanzen, der Besuch einer Selbsthilfegruppe, Kampfsportarten, Malen, allein sein, Beratung, Therapie, schwimmen, laufen etc.).

Mit Retzmann (2021) soll am Beispiel des Einsatzes des Mediums Klettern dargestellt werden, welche traumaspezifischen Faktoren und Potenziale wirksam werden können (s. Abbildung 4).

Die Autorin (2021: 28f) führt hierzu aus, dass gerade bei unsicherer oder desorganisiert gebundenen Personen beim Klettern aufgrund der herausfordernden und ungewohnten Bewegungs- und Erfahrungsqualitäten das Bindungssystem aktiviert wird. Wird seitens der Fachkraft feinfühlig kommuniziert, kann soziale Unterstützung neu erfahren werden, auch um eine Nachentwicklung der selbstregulatorischen Fähigkeiten zu unterstützen.

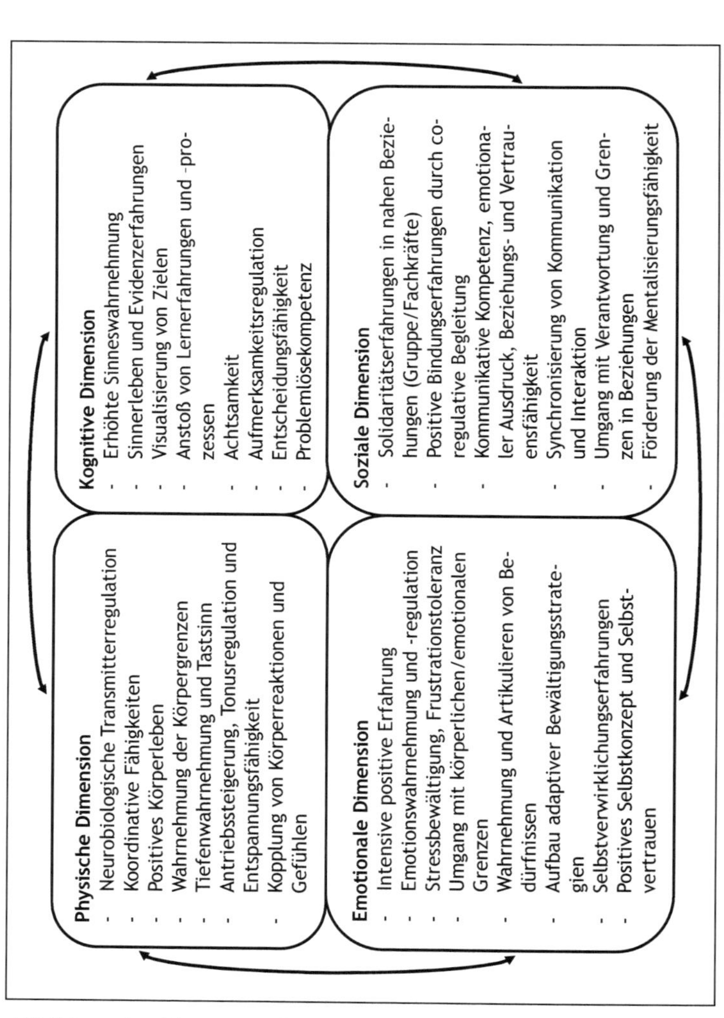

Abbildung 4: Traumaspezifische Wirkfaktoren und Potenziale des Kletterns (Retzmann 2021: 29)

Beim Einsatz von Sport, bzw. leibtherapeutischen Maßnahmen (Petzold 2022), wie Lauftherapie, Klettern, therapeutisches Budo und anderen sporttherapeutischen Angeboten darf jedoch nur eine submaximale Belastung erfolgen, damit die Bedrohung körperlicher Unversehrtheit, Verletzungs- und Todesgefahr und die damit verbundenen Erfahrungen von Kontrollverlust, Hilflosigkeit und Ohnmacht, die überschießende Physiologien auslösen vermieden werden Im Gegenteil, so Petzold (2022: 26), Erfahrungen von Situationskontrolle müssen in angemessener „Dosierung" bereitgestellt werden.

Anschließend wird auf einige für die Beratung hilfreiche Konzepte und Interventionsmöglichkeiten eingegangen. Dies sind: Akute Hilfen und Krisenintervention, Psychoedukation, Hilfen zu einer verbesserten Mentalisierung, Traumatisierungen im Kontext von Bindungsstörungen, stabilisierende Übungen und Informationen zur Emotionsregulierung.

6.1 Akute Hilfen und Krisenintervention

Neben Sanitätern, der Feuerwehr, Notfallseelsorgern oder der Polizei sind oftmals auch psychosoziale Fachkräfte aus den verschiedensten Arbeitsfeldern, wie der allgemeinen Beratung, Flüchtlingsberatung, Frauenzentren, Jugendämtern u.a. mit einer akuten Traumatisierung oder deren Folgen konfrontiert. Dies sind bspw. folgende Situationen: Suizide von Angehörigen, Unfälle, Gewalterlebnisse, massive Vernachlässigung, plötzlicher Verlust eines nahen Angehörigen oder Personen die Zeuge einer Katastrophe wurden. Psychosoziale Fachkräfte sollten daher auch auf solche Situationen vorbereitet sein, um die Betroffenen und ihre Angehörigen im Rahmen einer Krisenintervention angemessen zu unterstützen.

Im Weiteren werden zunächst einige einleitende Grundsätze zur Krisenintervention zusammengefasst, um dann auf suizidale Krisen und den Umgang mit Dissoziationen und Aggressionen einzugehen (ausführlicher siehe z.B. Beushausen 2020).

Wie der Begriff des Traumas ist auch der Begriff der Krise nicht eindeutig bestimmt. Von den Fachbuchautoren werden sehr unterschiedliche Problemlagen fokussiert, bspw. thematisiert Hülshoff (2017) Entwicklungskrisen, Krisen im Kontext von Krankheit (schwere körperliche Krankheiten, Psychosen, Sucht und Abhängigkeit), traumatische Krisen, eine Kindeswohlgefährdung und Krisen im Kontext von Vertreibung und Migration. Die Definition einer Krise beinhaltet eine objektive Dimension einer schweren Belastung und eine subjektive Dimension, in der eine Person nach ihren Kriterien unterscheidet, was für sie eine Krise ist. So kann bspw. ein Tod eines Haustieres oder eine plötzliche Arbeitslosigkeit sehr unterschiedlich bewertet werden. Eine Krise wird hier verstanden als eine (subjektive) existenzielle Bedrohung mit einer Labilisierung, die oftmals mit einer erhöhten Suggestibilität verbunden ist. Die meisten Krisen entstehen durch befristete Ereignisse in Form einer akuten Bedrohung oder einer Überforderung (beziehungsweise einer Überstimulierung) des gewohnten Verhaltens- und Bewältigungssystems. Die akute Überforderung kann aus einer kurzfristigen, massiven Belastung entstehen oder das Resultat einer länger andauernden, kumulativen Belastung sein. Krisen können den Status einer Chronifizierung erreichen.

Die Hauptziele der Intervention nach einem akuten Trauma sind die Abklärung einer akuten Gefährdung, die Schaffung von Sicherheit und Beruhigung, die Unterstützung der Selbstheilungskräfte und eventuell die Vermittlung weiterer Hilfen. Gräbener (2013) benennt zudem die Befriedigung der Grundbedürfnisse nach Schutz und Sicherheit, das zur-Verfügung-Stellen eines einfühlsamen Gesprächspartners, Psychoedukation über mögliche Belastungsfolgen und Bewältigungsstrategien sowie die Aktivierung des sozialen Netzwerks.

Krisen weisen, wie Traumata, sehr ähnliche, vielfältige Symptome auf, wie bspw. Ängste, Panik, hohe Anspannung, innere Unruhe, Schlafprobleme, Unsicherheit, Hilflosigkeit, Irritationen, Aggressivität, Verwirrtheit, Depersonalisations- und Derealisationserlebnisse, wahnhafte Projektionen, Halluzinationen und psychosomatische Beschwerden.

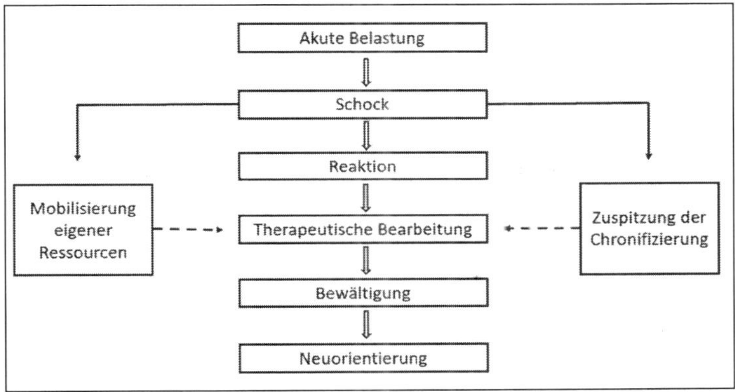

Abbildung 5: Krisenverlauf (D'Amelio 2010: 8)

Typisch sind die folgenden Krisenmerkmale:

- ein krisenhaftes Geschehen erfordert eine Neuanpassung/ Wiederanpassung,
- das Ereignis berührt viele Lebensbereiche,
- es besteht ein großes Ausmaß der Nicht-Vorhersagbarkeit,
- es besteht eine Selbstwertbedrohung und eine Selbstkonsistenz-Bedrohung, in der zentrale Überzeugungen bedroht werden,
- ein Orientierungsverlust,
- eine Zielblockade und
- möglicherweise eine Retraumatisierung, in der frühere, nicht bewältigte, Ereignisse aktiviert werden.

Das Schema in Abbildung 5 gibt einen Überblick über einen typischen Krisenverlauf, wobei die Familienmitglieder, dies ist zu beachten, jeweils in unterschiedlichen Phasen sein können.

Die Schockphase kann sehr kurz (wenige Minuten) sein oder einige Stunden oder Tagen andauern. Typische Anzeichen sind Zittern, ein leerer Blick, bleiche Hautfarbe, Verwirrtheit, Schwindel, Übelkeit, Erstarrung oder eine flache Atmung. Wichtig ist den Betroffenen zu signalisieren „ich bin da", für Reorientierung sorgen und zu informieren, dass die auftretenden Phänomene in dieser Situation „völlig normal" sind. Generell ist für Wärme und

Ruhe und eine reizarme Umgebung zu sorgen (Scherwarth, Friedrich 2012.) Eine körperliche Berührung sollte angekündigt werden, vorher ist immer um Erlaubnis zu fragen. Besteht eine akute Lebensgefahr bei den Betroffenen, sollte sofort reagiert werden, indem ein Arzt oder Krankenwagen gerufen werden.

Im Anschluss an die Schockphase zeigen viele Menschen Symptome einer akuten Belastungsreaktionen, die mit intensiven Erregungszuständen, Schlaflosigkeit, Albträumen, starken emotionalen Durchbrüchen, Schreckhaftigkeit oder auch intensivem Grübeln einhergeht. Auch hier stehen die Stabilisierung und die Schaffung eines sicheren Ortes im Mittelpunkt der Intervention. Die Berater*innen müssen oftmals zunächst für eine Reorientierung sorgen, wenn Flashbacksituationen (Wiedererleben oder Nachhallerinnerungen früherer Gefühlszustände) zu einem Kontrollverlust mit Erstarrung, heftiges um sich schlagen, heftiges weinen oder schreien, sich verstecken oder anderem führen.

Scherwath und Friedrichs (2012: 157f.) stellen einen Stufenplan zur Reorientierung vor, der hier zusammengefasst wird:

1. Kontaktaufnahme: Aus der Distanz heraus Kontakt aufnehmen, um nicht zu erschrecken, und sich kurz vorstellen.
2. Orientierung: Kurze Mittelung, wo und wann sich jemand jetzt in Sicherheit befindet.
3. Aktivierung: Es wird versucht die Person durch leicht verständliche Aufforderungen (Hände bewegen, sich umschauen lassen) zu aktivieren.
4. Weitere Aktivierung: Gelingt dies, wird die Aktivierung weitergeführt (bspw. durch den Raum gehen oder Gegenstände benennen lassen).
5. Selbst-Reorientierung: Die Person wird eventuell gefragt, wie sie heißt, ob sie weiß, wo sie ist etc.
6. Aufklärung: Es erfolgt ein kurzes Aufklären über das Erlebte, z.B. über das Erleben eines Flashbacks.
7. Kontakt halten: Erfragen, ob Blickkontakt möglich ist, und Kontakt zur Person halten.
8. Weitere Maßnahmen zur Stabilisierung einleiten (Was/Wer könnte unterstützen?).

Bei auftretenden Dissoziationen kann hilfreich sein, wenn Klient*innen gebeten wird beliebige Gegenstände im Zimmer auszusuchen und für jeden dieser Gegenstände drei Eigenschaften zu benennen, anschließend können diese Gegenstände angefasst werden und der Oberflächeneindruck beschrieben werden. Im Kontext der Stabilitätsübungen (Kap.5.5 werden die Übungen des sicheren Ortes, des inneren Beistandes und die „Tresorübung" beschrieben.

Zentral ist bei der Bewältigung von Krisen die Herstellung einer ruhigen und sicheren Situation. Professionelle Helfer*innen sollten dazu zunächst sich selbst und das Angebot vorstellen und überlegen, wer noch helfen kann. Wichtig ist festzustellen, was der/die Betroffene am dringendsten benötigt. Ist dies geschehen, sollten die nächsten Schritte konkret geplant werden. Bei akuten oder sehr schweren Traumata sind möglicherweise medizinische Hilfen, auch der Akutpsychiatrie, notwendig. Besonderes zu Beginn einer Betreuung benötigen die Klient*innen Informationen über physische und psychische Auswirkungen krisenhafter Situationen.

In der Psychoedukation werden Erklärungen für die symptomatischen Zusammenhänge und mögliche Unterstützungsformen vermittelt. Die Psychoedukation richtet sich auch an andere Systemmitglieder, insbesondere an die Familienmitglieder.

Im Zentrum der Unterstützung steht die Aufgabe, und dies soll nochmals betont werden, Sicherheiten zu schaffen, z. B. ein relatives Wohlfühlen in der eigenen Wohnung und im sozialen Umfeld zu unterstützen. Äußere Sicherheit hat Priorität. Sicherheit im Lebensraum bedeutet, zu thematisieren, wie die Klient*innen von wichtigen Bezugspersonen Unterstützung und Hilfe erhalten könnte und eine Lebenssituation geschafft werden kann, in der die Wahrscheinlichkeit, erneut belastet oder traumatisiert zu werden, möglichst gering ist. Dies kann bedeuten, eine räumliche Distanz zu Orten und Personen zu schaffen, die mit der krisenhaften Situation in Bezug stehen. Es ist sehr wichtig, mögliches Risikoverhalten zu erkennen und einzuschränken. Bei chronifizierten Krisen kann dies unter Umständen ein langwieriger Prozess sein.

Hilfreich kann es sein, zunächst die Alltagsstrukturen der Klient*innen zu fokussieren, z. B. in dem man darüber spricht und übt, wie die Klient*innen sich selbst motivieren können, wie sie bspw. morgens aufstehen, kleine Arbeiten zu verrichten oder wieder in einem Buch lesen können. Diese Arbeit an der Wiederherstellung halbwegs strukturierter Lebenszusammenhänge ist zu Beginn der Beratung eine wichtige, oft auch eine langwierige und schwierige Arbeit.

Einen Überblick über die im Krisenerstkontakt anzusprechenden Themen gibt die folgende Übersicht am Beispiel eines Erstgesprächs (Beushausen 2020: 342):

1. Schnelle Abklärung der Situation
   - Erster Eindruck – Initialszene
   - Überweisungskontext/Erfahrungen mit anderen Helfer*innensystemen
   - Auslöser beziehungsweise der akute Anlass der Krise?
   - Was heißt das für das Umfeld, Arbeit, Familie?
   - Wie erleben die Klient*innen die Krise? (Bedeutungsgebungen)
   - Welche Gefahren ergeben sich daraus für Betroffene?
   - Suizidalität?
   - Drogen, Tabletten, Alkohol?
   - Klinik/Arzt (Behandlung?)
2. Welche Bewältigungsmöglichkeiten hat er/sie?
   - innere Ressourcen
   - Fremdressourcen (bspw. Freund*innen)
3. Entwicklung von Perspektiven – Auftragsklärung
   - Erfassung des Problemsystems
   - Ziele? (Welche Teilschritte?)
   - Abklärung unterschiedlicher Aufträge – aushandeln eines gemeinsamen Auftrags
   - Umdeutung der Krise
4. Rekontextualisierung und Umdeutung der Krise
   - Einbettung der Krise in einen Raum-zeitlichen Zusammenhang
   - Umdeuten der Krise
   - Gestaltung des Lösungsraums
   - Auswirkungen von Veränderungen
   - Kriterien für eine hinreichende Lösung des Problems

5. Resümee

- Einschätzung der Gefahr einer aggressiven/autoaggressiven Handlung
- Ist eine Weiterbetreuung angesagt? (hängt auch vom Auftrag der Institution ab)
- Kontrakt und Vereinbarungen zwischen Berater*innen und Klient*innen, klare Absprachen, Kontaktaufnahme zu anderen Institutionen? (bspw. Klinik).

Krisen können extreme Formen annehmen, die von den Berater*innen intensive und gezielte Interventionen erfordern. Besonders bei komplextraumatisierten Personen ist mit selbstverletzenden Verhalten, Suizidalität, intensiven Flashbacks mit vorübergehenden Realitätsverlust / Dissoziationen zu rechnen. Dies kann bei den Betroffenen dazu führen, dass bereits die alltäglichen Probleme überfordern und es zu einer permanenten Erschöpfung und dysfunktionalem Verhalten (Beckrath-Wilking et.al. 2013) kommt.

Aggressionen, oftmals als problematische Bewältigungsform, eines Familienmitglieds belasten die gesamte Familie. Ein sog. aggressiver Raptus (Ausbruch) kann zu unkontrollierter Gewalt gegen andere Personen, einschließlich der Berater*innen, führen. Auch die Gefahr der Selbstverletzung ist gegeben.

Traumatisierte Personen können heftigste Wut- und Rachegelüste entwickeln (Heedt 2017). Ein Kernsymptom eines Traumas ist eine „Hyperarousal", also einer Übererregbarkeit, die bei kleinen Auslösern (die mitunter in ihrer subjektiven Schwere von der Außenwelt nicht entsprechend identifiziert werden) zu einem deutlichen Erregungszustand führen können. Ein störungsadäquates Wissen und ein deeskalierender Umgang seitens der Helfer*innen können dazu beitragen, die Reaktionen der aggressiven Personen besser einzuordnen.

Allgemein ist es hilfreich sich der aggressiven Person nicht frontal zuzuwenden und räumlichen Abstand zu wahren. Oftmals ist es zudem hilfreich, wütenden Menschen zunächst Wahlmöglichkeiten anzubieten, damit sie nicht mehr so von Emotionen überflutet sind, sondern kognitiv nacheinander mehrere kleine Entscheidungen zu treffen haben. Eine hilfreiche Intervention zum Gesprächseinstieg könnte lauten: „Über diese Problematik sollten wir wirklich sprechen!" „Ich möchte mich hinsetzen und etwas trinken, möchten Sie Tee oder Kaffee?" „Grüner Tee, schwarzer Tee, Pfefferminztee?" „Wollen wir uns ans Fenster setzen oder in ein anderes Zimmer?"

Wesuls, Heinzmann und Brinker (2005) schlagen zur Deeskalation das folgende Vorgehen vor:

- Fremdspiegelung über den Zustand der aggressiven Person: „Ich merke, dass Sie ärgerlich sind", „Ich sehe, dass du jetzt nicht darauf eingehen kannst".
- Selbstoffenbarung: „Ich merke, ich komme nicht an dich ran", „Ich merke, wie ich selbst wütend werde".
- Benennung einer Grenzsetzung: „Ich habe das Gefühl, dass wir das im Moment nicht klären können".
- Perspektive: „Ich würde das gern mit Ihnen besprechen, wenn wir uns beide wieder beruhigt haben".
- Ruhiges Verlassen der Situation, nach dieser Unterbrechung sollte der Konflikt unter den Gesichtspunkten besprochen werden, was die Person so aufgebracht hat und Lösungsmöglichkeiten für die Zukunft gesucht werden.

Helfer*innen sollten bereits im Vorfeld eine klare Handlungslinie für den Fall aggressiver Eskalationen etablieren und eventuell trainieren. Ein solches Deeskalationstraining sollte psychosoziale Interventionen vermitteln, die den Einsatz von restriktiven Maßnahmen oder von Zwangsmaßnahmen verhindern oder weitestgehend reduzieren und das Erlernen einer angemessenen, deeskalierenden Kommunikation zum Ziel haben (Plener 2018). Das schafft Sicherheit, vermindert oder verhindert Machtkämpfe und vergrößert das Sicherheitsempfinden der Helfer*innen in angespannten Situationen.

Suizidversuche, die potenziell eine akute Gefährdung für die Betroffenen darstellen, erfordern ein sofortiges Handeln. Unterschieden werden Suizidgedanken, Suizidpläne (Gedanken oder auch vorbereitende Handlungen, die sich konkreter mit dem Suizid beschäftigen) und Suizidversuche. Als Suizidversuche werden Handlungen definiert, die mit der Absicht zu sterben begangen werden. Dabei ist es unerheblich, ob die gewählte Methode tatsächlich zum Tod geführt hätte. Die Wahl der Methode ist oftmals vom Entwicklungsstand oder kognitiven Funktionsniveau einer

Person abhängig. Missbrauchs- und Misshandlungserfahrungen in der Kindheit gelten ebenso ein deutlicher Prädiktor für spätere Suizide und Suizidversuche wie Vernachlässigung in der Kindheit, der Verlust der Eltern und eine Häufung von erlebten Traumata. Suizidversuche stellen ein großes Risiko für weitere Suizidversuche dar, sie sind immer, unabhängig von der gewählten Methode ernst zu nehmen.[46, 47]

Bestandteil eines jeden Krisengesprächs ist daher die Abklärung einer möglichen Suizidalität (manchmal auch einer Fremdgefährdung). Um hilfreich intervenieren zu können, d. h. erste Hilfen anzubieten, wie einen „Antisuizidvertrag" zu schließen oder möglicherweise eine Unterbringung einleiten zu können, sind zunächst die möglichen vielfältigen Motive beziehungsweise der Anlass für eine suizidale Handlung zu eruieren. Bei Kindern und Jugendlichen muss geklärt werden, ob die Familie „ursächlich" involviert ist und bei der Krisenbewältigung einbezogen werden soll.

Bei einer akuten Selbst- oder Fremdgefährdung ist auf dem Hintergrund entsprechender Ländergesetze eine Unterbringung zu veranlassen.

Selbstgefährdung kann sich auch in Form von Selbstverletzungen äußern. Gräbener (2013) verweist auf Forschungen, nach denen mindestens zwei Drittel, der sich selbst verletzenden Personen in ihrer Kindheit traumatisiert wurden. Selbstverletzungen können u. a. dazu dienen, Spannungen abzuführen oder um Dissoziationen zu beenden. Selbstverletzungen sollen möglichst reduziert werden, gegebenenfalls sind medizinische Maßnahmen einzuleiten. Ein weiterführendes Ziel ist, dass die Klient*innen die Dynamik des suizidalen Verhaltens (oder auch eines nicht suizi-

46 Bedeutsam ist auch die Postvention, in der bei einem Suizidversuch oder einem Suizid unterstützende Maßnahmen für alle vom Geschehen Betroffenen eingeleitet werden (Familienmitglieder, Freund*innen, Klassenkamerad*innen oder andere Personen).

47 Eine Besonderheit ist die sogenannte suizidale Geste, bei der diese Handlung von den Betroffenen so inszeniert wird, dass sie für Außenstehende wie ein Suizidversuch aussieht (oder aussehen soll). Es geht hierbei nicht darum sterben zu wollen, sondern um andere Motivationen (z.B. zu zeigen, wie schlecht es einem geht oder um Hilfe zu erhalten).

dalen selbstverletzenden Verhaltens – NSSV) verstehen lernen und alternative Verhaltensweisen mit Unterstützung entwickeln.

6.2 Psychoedukation

Die Betroffenen und ihre Bezugspersonen haben oft eigene Vorstellungen darüber, wie die emotionalen oder Verhaltensprobleme entstanden sind. Manchmal sind diese innerhalb einer Familie sehr unterschiedlich. Nach Breymaier und Schmid (2016) gilt die Psychoedukation als einer der bedeutendsten Wirkfaktoren evidenzbasierten Formen der Traumapsychotherapie. Psychoedukation möglichst aller Familienmitglieder ist bedeutsam für die Traumabewältigung.

Psychoedukation hilft dabei, passende, manchmal gemeinsam akzeptierte Erklärungen zu entwickeln. Sie kann eine nachvollziehbare Verbindung herstellen zwischen den Symptomen im Hier und Jetzt und früheren Ereignissen. Psychoedukation kann dabei unterstützen emotionale Probleme und Verhaltensschwierigkeiten vor dem Hintergrund der früheren Ereignisse zu deuten und zu verstehen und somit einen Beitrag zu einer Beruhigung im Familiensystems leisten. Dies beinhaltet auch eine Aufklärung über mögliche Wege der Unterstützung.

Ziel ist es, den Klient*innen, wie den Angehörigen eine Erklärung für ihre Problematik zu bieten und dabei jeweils ihre individuelle Sicht einzubeziehen. Menschen wollen in der Regel sich selbst verstehen und eine individuelle Erklärung für ihr Leiden finden, auch um ihr Bedürfnis nach Orientierung und Kontrolle zu befriedigen. Wenn das Verhalten einer traumatisierten Person für das Umfeld verständlich ist, kann dies helfen für das Unsagbare Worte zu finden. Die sekundär traumatisierten Angehörigen benötigen daher Informationen und eventuell ein Training um Stressfaktoren und deren Folgeerscheinungen zu reduzieren. Dies schließt das Erkennen und Akzeptieren der eigenen Grenzen und den Umgang mit den eigenen Gefühlen ein. Insgesamt geht es also um das Akzeptieren und Annehmen einer emotionalen Ansteckung.

Außerdem soll eine Erhöhung des Bewusstseins und der Akzeptanz der Erkrankung durch Aufklärung bei den Betroffenen, ihren Angehörigen und letztlich der Allgemeinbevölkerung erreicht werden. Dabei wird angenommen, dass Klient*innen und die Angehörigen Missverständnisse, dysfunktionale Verhaltensweisen und fehlerhafte Vorstellungen über „ihre Störung" durch wissenschaftlich fundiertes Wissen überdenken und korrigieren. Ebenfalls wird davon ausgegangen, dass die Einordnung des Leidens in ein vorhandenes Krankheitsbild strukturierend und entlastend wirkt. Gerade Traumaklient*innen erleben es häufig als sehr entlastend, wenn sie verstehen, dass sie (für diese Situation) unter „normalen" Symptomen leiden. Für viele Menschen ist es erleichternd zu erfahren, dass es ein gut definiertes Konzept für die erlebten Phänomene gibt und dass sie nicht verrückt sind oder den Verstand verlieren, wie sie vielleicht befürchten. Zudem kann es auch erleichternd sein zu erfahren, dass es Behandlungsmöglichkeiten für diese Störung gibt und dass die „Wunden" geheilt werden, auch wenn Narben zurückbleiben (Höft et al. 2017). Die Vermittlung von Informationen zu traumatischen Ereignissen und ihren Folgen dient auch dazu, das Erlebte einzuordnen. Letztlich sollen die Klient*innen auf dem Hintergrund der ausgetauschten Informationen eigenständig eine Entscheidung hinsichtlich der Hilfe treffen können und zu „Berater*innen in eigener Sache" werden.

Bedeutsame zu vermittelnde Grundhaltungen gegenüber den Angehörigen könnten sein:

- der Betroffene hat ein Handikap, ist aber nicht „Invalide",
- Veränderungen sind in kleinen Schritten möglich, brauchen jedoch viel Zeit und Unterstützung,
- oftmals gibt es einen „guten Grund" für problematische Verhaltensweisen,
- die Betroffenen verhalten sich in der Regel nicht so, um andere zu ärgern.

Klappstein und Kortewille (2020) benennen für Kinder[48] weitere wichtige Aspekte. Sie sehen in der Psychoedukation einen Einstieg in die Verarbeitung. Psychoedukation beinhaltet zudem eine

48 Diese Elemente lassen sich auch auf erwachsene Betroffene übertragen.

Entlastung, indem die Verantwortung nicht mehr beim Kind liegt, sodass sich die verzerrte Wahrnehmung des Kindes, das sich selbst beschuldigt und entwertet, korrigiert wird. Des Weiteren werden aktuelles Fehlverhalten oder emotionale Probleme als vom Kind nicht gewollt dargestellt und damit externalisiert. Zudem wird die Ich-Stärkung des Kindes unterstützt, indem z.B. formuliert wird: Ein Teil von Dir, dass sich an das Ereignis erinnert, hat sehr viel Wut. Gleichzeitig wird hiermit ein innerer Beobachter eingeführt, der Verständnis für die verletzten Selbstanteile hat (zur sogenannten Teilearbeit siehe bspw. Beushausen, Schäfer 2021). Als weiteres Element wird die Symptomatik als normale Reaktion auf unnormale Ereignisse gedeutet und damit normalisiert und entpathologisiert. Hiermit sollen gleichzeitig die Autonomie und die Hoffnung gestärkt werden auch, indem an vorhandene interne oder externe Ressourcen angeknüpft wird.

Psychoedukation kann zudem die Beratungs- und Therapiemotivation, Hoffnung und Optimismus fördern und es können wichtige Informationen zu traumatischen Ereignissen vermittelt werden. Über typische Abläufe im Gehirn während und nach einem Trauma sollte ebenfalls informiert werden. Für die Klient*innen stellt sich im Anschluss an diese Aufklärung häufig die Frage, warum die Erinnerungen an das Trauma bleiben. Vermittelt wird, dass typischerweise Erinnerungen an das Trauma in Form von Albträumen, Intrusionen oder Flashbacks (Gefühl, in Zeit und Raum zurück in das Trauma versetzt zu sein) oder in Form von Bildern, einzelnen sensorischen Wahrnehmungen (bspw. Geräuschen, Gerüchen oder Gefühlen) oder komplexer innerer Zustände auftreten. Erklärt werden kann auch, dass die Erinnerungen bei vielen Personen zunächst immer wieder kommen können, egal wie oft versucht wird, sie zu vermeiden oder zu verdrängen. Auftretende Erinnerungen können als Versuch des Gehirns interpretiert werden, das Erlebte zu verarbeiten und verstehbar zu machen, da das Gehirn versucht, alle Gefühle und Fragmente der Situation in eine logische Reihenfolge zu bringen und ihnen einen Sinn zu verleihen und sie deshalb immer wieder in das Bewusstsein bringt. Vermeidung resultiert dann aus dem Versuch, eine Aktivierung des Gefühlsnetzwerkes zu verhindern, dabei sollte aber verstanden werden, dass durch das Wegschieben der Gefühle und Gedanken keine Verarbeitung des Traumas und keine Einordnung der Erinnerungen stattfindet.

Bestandteil der Psychoedukation ist eventuell eine Rückmeldung der Diagnosen, diese Rückmeldung soll transparent und verständlich sein. Die Klient*innen und die Angehörigen müssen verstehen können, was die Diagnose bedeutet. Dazu gehört, dass sowohl die Symptome als auch die Diagnosekriterien besprochen werden können und geklärt wird, ob sich der Klient oder die Klientin darin wiederfindet.

Die Vermittlung von Informationen über die Symptome soll den Betroffenen verdeutlichen, dass Reaktionen auf das Trauma Teil einer normalen und überlebenswichtigen menschlichen Funktion sind. Es sollte deutlich gemacht werden, dass fast jeder Mensch nach einem Trauma emotionale, kognitive und verhaltensbezogene Beeinträchtigungen erlebt. Symptome sollten als eine adaptive, ganze normale und nachvollziehbare Reaktion auf ein abnormes Ereignis eingeordnet werden. Hierbei sollte einerseits auf direkte Reaktionen auf das Trauma in der Situation (wie Erstarrung, Einnässen und Einkoten) und andererseits auf langfristige Folgen und anhaltende Symptome eingegangen werden. Den Klient*innen und den Angehörigen ist zu vermitteln, dass es logische Erklärungen für ihre Symptome und das traumatische Erleben gibt und dass bestimmte Strategien entwickelt werden müssen, um mit den Symptomen umzugehen, diese jedoch häufig auch problematisch sind. Die Betroffenen sollen verstehen, dass traumatische Erfahrungen nicht nur körperliche, sondern auch psychische oder seelische Folgen haben.

Als psychosoziale Fachkraft von Kindern und Jugendlichen sollte man sich das oftmals auftretende Dilemma zwischen Schweigepflicht und Fürsorgepflicht bewusst machen. Bei Kindern ist bei der Vermittlung auf eine altersgerechte Sprache zu achten. Medien, wie Bilderbücher oder Filme können genutzt werden.[49] Bei der Psychoedukation mit älteren Kindern und Jugendlichen sollten typischerweise ein Gespräch allein mit dem Kind und ein gemeinsames mit den Bezugspersonen stattfinden.

49 Häufig genutzt werden für Kinder das Bild der „Häschen und Denker“ (siehe z.B. Klappstein, Kortewille 2020) oder das Modell des dreigliedrigen Gehirns für eine Klärung der Prozesse im Gehirn für ältere Kinder.

Bei jüngeren Kindern sollte die Psychoedukation in Anwesenheit der Eltern oder von Bezugspersonen geschehen. Es ist darauf zu achten, einfache und altersangemessene Erklärungen zu geben. Erklärt werden könnte, dass es auch andere Kinder und Jugendliche gibt, die unter denselben Erfahrungen leiden. Traumatisierte Kinder haben meist Schwierigkeiten hinsichtlich der Affektregulation. Die Gefühle, die mit dem Trauma in Verbindung stehen, sind oft sehr diffus, daher sollten die Helfer*innen den Kindern helfen, ihre Gefühle zu identifizieren und zu benennen. Gemeinsam kann z.B. die gesamte Bandbreite von Gefühlen benannt und charakterisiert werden, dabei bietet es sich an, Bilder, Karteikarten, Metaphern und Spiele zu benutzen.

6.3 Exkurs: Traumatisierung im Kontext einer Bindungsstörung

Zum einen ist für die Entstehung einer frühen Traumatisierung das Bindungssystem von entscheidender Bedeutung, zum anderen benötigen traumatisierte Menschen mit schwereren negativen Bindungserfahrungen eine besondere Form der Unterstützung. Hierauf soll in diesem Kapitel eingegangen werden, zunächst wird das Bindungskonzept zusammengefasst.

Für die Entwicklung des Menschen haben die frühen Bindungserfahrungen[50] eine besondere, oftmals lebenslange Bedeutung, denn der Mensch, so Martin Buber (1923/2008), wird am Du zum Ich. Menschen benötigen von Anfang an Resonanz und eine emotionale Spiegelung.

Dabei umfasst das Bindungssystem drei Dimensionen (Trost 2021: 227):

50 John Bowlby begründete in den 1950er-Jahren die psychologische Bindungstheorie, die sich zunächst mit der frühen emotionalen Mutter-Kind-Beziehung beschäftigte (vgl. z.B. Spangler, Zimmermann 2011). Bindungstheorien beschäftigen sich mit Entwicklungseinflüssen, wobei im Vordergrund die emotionale Sicherheit und Vertrautheit steht, die der Mensch zunächst zu seiner Hauptbindungsperson aufbaut und im späteren Verlauf der Entwicklung auf weitere Personen ausweiten kann (Brisch 2015).

„a. Die biologisch angelegte Tendenz des Säuglings bei einer primären Bezugsperson Schutz zu suchen, um so Sicherheit zu erlangen, sowie

b. die ebenfalls evolutionär präformierte Fürsorgebereitschaft potenzieller Bezugspersonen, meist der Eltern.

c. Die gelingende Passung von a. und b. ermöglicht dem Kind eine sichere Exploration als Voraussetzung für eine gelingende Anpassung an Umwelt und Entwicklungserfordernisse."

Nach Trost (2015) besitzen ca. 60% der Bevölkerung eine sichere Bindungsrepräsentation.[51] Einen Einfluss darauf hat neben den elterlichen Bezugspersonen auch das soziale Umfeld. Durch eine sichere Bindungsrepräsentation kann der Mensch zwischen einer positiven und negativen Kindheitserfahrung affektiv und kognitiv unterscheiden. Das Selbstbild ist zudem angemessen ausgeprägt und agiert flexibel auf verschiedenste Anforderungen. Der unsicher-abwehrenden Bindungsrepräsentation gehören 20-25% der Bevölkerung an. Menschen dieser Bindungsrepräsentation neigen dazu, Beziehungserfahrungen kognitiv zu bewerten. Dabei werden negative Kindheitserfahrungen oft idealisiert und verleugnet. Zudem äußern die Menschen das Bedürfnis, allein sein zu wollen. In ihrer Kindheit erlebten die Menschen ihre Hauptbindungsperson als zurückweisend sowie emotional zurückgezogen, wodurch die Kinder gelernt haben, auf sich allein gestellt zu sein. Im Erwachsenenalter zeigen unsicher-abwehrende Menschen eine Abwehrhaltung gegenüber Hilfsangeboten. Verstrickt-gebundene Menschen werden bei 15-20% der Bevölkerung beobachtet. Hierbei handelt es um Menschen, die emotional mit viel Ärger und Frust in Beziehungen agieren. Dabei werden sie häufig von ihren Emotionen überflutet. Die Beziehung zu der Hauptbindungsper-

51 Um ein sicheres Bindungsverhalten aufzubauen, sind eine sichere Bindungsrepräsentation und Feinfühligkeit bedeutsam. Um herauszufinden, welche Bindungsqualität das jeweilige Kind aufweist, entwickelte Ainsworth neben einigen Beobachtungsstudien auch die Untersuchungsmethode der Fremden Situation, die sich mittlerweile zu einem Standardverfahren in der Bindungstheorie durchgesetzt hat. Bei dieser Untersuchungsmethode handelt es sich um ein Testverfahren, bei dem die Bindungsqualität zwischen dem Kleinkind und seiner Hauptbindungsperson untersucht werden soll, indem eine künstlich hergestellte Trennungssituation nachgestellt wird (siehe z.B. Siegler et al. 2016, Fonagy 2001).

son ist gekennzeichnet durch einen intensiven Kontakt, wodurch Menschen dieser Bindungsrepräsentation auf eine konstante und verlässliche Zuwendung aus sind. Dadurch kann die Selbstständigkeit beeinträchtigt werden, wodurch eine erhöhte Hilfekommunikation entstehen kann. Circa 15% der Bevölkerung besitzen eine Desorganisation und Desorientierung in ihrem Bindungsmuster.

Ohne die Bindung an versorgende Erwachsene können Kinder sich nicht gut entwickeln. Kinder halten daher oft an dem zur Verfügung stehenden problematischen Bindungsangebot fest, auch wenn es schmerzhaft, entwürdigend oder vernichtend ist. Hierzu führen Klappstein und Kortewille (2020) aus:

> „Die Bindung an schädigende Bindungspersonen können Kinder auch erst dann aufgegeben, wenn neue, sichere Beziehungen eingegangen worden sind. Je destruktiver die Bindung war, desto schwerer ist sie zu lösen. Kinder, die eine Bindungs- und Entwicklungstraumatisierung erlebt haben, tragen ihre Erlebnisse fragmentiert gespeichert im Gehirn mit sich, wie Kleingeld, das lose in der Handtasche herumfliegt. Aus den Einzelteilen, die als Bewältigungsstrategien für psychische Notlagen entstanden sind, bilden sich im Selbst der heranwachsenden Persönlichkeit traumaassoziierte Anteile, die mehr oder weniger verbunden nebeneinander existieren. Eine Besonderheit ist, dass sich die Glaubenssätze der einzelnen Anteile oft scheinbar widersprechen. Ihre Bedeutung erklärt sich aus den Umständen zum Zeitpunkt des Entstehens, als genau diese Strategie gut und richtig war."

Besonders früheste Traumatisierungen[52] haben eine große Auswirkung auf den weiteren Werdegang des Kindes. Der toxische Stress sorgt für eine veränderte neuronale Entwicklung, wodurch Gehirnstrukturen gebildet werden, die für die Entstehung psychischer Störungen begünstigend wirken (Brisch 2008). Die Bindungserfahrungen der ersten Lebensjahre werden in einem sogenannten Arbeitsmodell gespeichert. Hierbei handelt es sich um Informationen „über Bindungserfahrungen sowie Erwartungen und Vorstellungen hinsichtlich der Reaktionen der Bindungspersonen und über das eigene Selbst" (Jungmann, Reichenbach

52 Die Traumatisierungen können hierbei bspw. in Form von körperlicher oder emotionaler Misshandlung sowie sexuellem Missbrauch auftreten.

2009). Diese gespeicherten Informationen dienen als Grundlage für die Beziehungsfähigkeit des Menschen sowie für seine Affektregulation, d.h. die Fähigkeiten der Wahrnehmung, Äußerung und Kontrolle eigener Gefühle (Wettig 2009), wobei dieser Prozess noch Auswirkungen auf das Erwachsenenalter hat.

Vor allem schwere Traumata werden als Ursache für diese Bindungsrepräsentation genannt. Menschen dieser Bindungsrepräsentation neigen zu einem geringen Selbstbewusstsein. In ihrem Tun und Handeln zeigen sie sich bisweilen eher chaotisch und wenig autonom. Hilfsangebote werden von Betroffenen erwünscht und gleichzeitig oft nur mit größter Angst wahrgenommen, wodurch es zu Spannungsverhältnissen im Beratungsprozess kommen kann (Trost 2015).

Auch Furrow et al. (2022: 358f.) betonen, dass insbesondere Kinder ohne responsive Bindungsbeziehung gefährdet sind auf traumatische Verlusterfahrungen und Widrigkeiten fehlangepasst zu reagieren. Ein Kind, das nach einer Traumatisierung mit seinen Gefühlen alleingelassen wird, entwickele oft Strategien wie Anklammern, Hyperaktivität und Destruktivität oder Rückzugsstrategien wie Unaufmerksamkeit, Dissoziation oder emotionale Erstarrung. Einer der wichtigsten Faktoren, die eine Verletzlichkeit für eine Posttraumatische Belastungsstörung (PTBS) determinieren, sei das subjektiv empfundene Fehlen partnerschaftlicher Unterstützung.

Erst das Erleben sicherer Bindung ermöglicht die Deaktivierung des Bindungs- und die Aktivierung des Explorationssystems, sodass sich die Aufmerksamkeit auf Neues, Unbekanntes und Irritierendes richten kann. Erst in Zeiten erlebter Sicherheit können innere Arbeitsmodelle und Übertragungsmuster infrage gestellt und eventuell korrigiert werden und so zur Entwicklung eines stabilen und kohärenten Selbst, einem stabilen Identitätsgefühl, beitragen. Traumaberatung hat dies zu beachten und daher idealerweise eine sichere Bindung anzubieten. Bei schwer traumatisierten Personen ist diese Unterstützung oft über einen langen Zeitraum notwendig. Anzumerken ist, dass die Bindungsqualität bzw. die Bindungsrepräsentation innerhalb des Lebenslaufes veränderbar ist. Je nach Ausprägung von Alternativerfahrungen können bisherige Bindungserfahrungen überspeichert werden (Brisch

2015). Somit ist die Bindungstheorie ebenso im Erwachsenenalter relevant.

In der Traumaberatung treffen wir häufig Klient*innen, die zumeist aufgrund einer schwerwiegenden traumatischen Erfahrung multifaktorielle Problemlagen und Bindungsprobleme mitbringen. Angst ist häufig ein ständiger Begleiter dieser Personen. Dies führt dazu, dass oftmals das Bindungsbedürfnis im Kontakt mit Berater*innen aktiviert wird. Gleichzeitig besteht die Angst, dass sich alte Erfahrungen von Erniedrigung, Gewalt und Missbrauch wiederholen könnten (Brisch 2014). Aufgabe der Berater*innen ist es, bindungsfördernde, feinfühlige Erlebnisse möglich werden zu lassen. Jede neue positive Interaktionserfahrung wird neuronal als Muster abgespeichert. Wenn diese neuen Erfahrungen kontinuierlich und wiederholbar auftreten und Affekte von den Berater*innen gespiegelt werden, ändert sich langsam das bindungsgestörte Verhalten und es entsteht auf der neurobiologischen Ebene ein neues Arbeitsmodell von Bindung (Brisch 2014: 24). In der Traumaberatung mit Kindern und Jugendlichen sind die Eltern oder andere Bezugspersonen über diese Prozesse zu informieren, denn es ist äußerst bedeutsam, dass diese die Beratung wohlwollend und verständnisvoll unterstützen. Möglicherweise sind hier auch jeweils Einzelbetreuungen der Eltern oder eine Familienberatung notwendig.

Traumaberatung benötigt daher ein fundiertes Bindungswissen und eine bindungsorientierte Praxis und nicht zuletzt die Kompetenz und Bereitschaft, das eigene Bindungsverhalten laufend zu reflektieren. Die Berater*innen stehen, so Brisch (2014) und Trost (2021), vor folgenden Aufgaben:

- In allen psychosozialen Kontexten Bindungsdimensionen zu berücksichtigen.
- Zentrale Aufgabe ist eine sichere Basis mit den Klient*innen herzustellen und die Fachkraft als sichere Basis zu etablieren, d.h., sich kongruent und empathisch in der nonverbalen und verbalen Kommunikation, transparent und verlässlich, warmherzig und klar zu verhalten.
- Berater*innen müssen sich in ihrem Fürsorgeverhalten durch das aktivierte Bindungssystem der hilfesuchenden Klient*in-

nen ansprechen lassen, den Klient*innen räumlich, zeitlich und emotional zur Verfügung stehen.

- Die Klient*innen sind zu ermutigen, sich Gedanken darüber zu machen, in welchen Beziehungsformen sie anderen Menschen begegnen.
- Berater*innen sollten als verlässliche sichere Basis fungieren und dabei die emotionale Dichte in Interaktion und Setting mit dem Gegenüber und der jeweiligen aktuellen Verfassung angemessen regulieren
- Sie sollten sich bei den unterschiedlichen Bindungsmustern flexibel im Hinblick auf den Umgang mit Nähe und Distanz zeigen.
- Die Klient*innen sind anregen, die Beratungsbeziehung genau zu überprüfen, da sich die von den Selbst- und Elternrepräsentanzen geprägten Beziehungswahrnehmungen widerspiegeln können.
- Die Klient*innen sind behutsam aufzufordern, aktuelle Wahrnehmungsgefühle mit denen aus der Kindheit zu vergleichen.
- Mentalisierungsprozesse sind zu fördern.
- Begegnung (Binden), Struktur bieten und die Förderung von Neugier und Kreativität im Unterstützungsprozess sind dynamisch ausbalancieren.
- Mit en Klient*innen ist zu thematisieren, dass ihre schmerzlichen Bindungs- und Beziehungserfahrungen für die aktuelle Lebensbewältigung von relevanten Beziehungen oftmals nicht mehr angemessen sind.
- Berater*innen sollten ein Vorbild im Umgang mit Bindungen und Trennungen sein, die Arbeitsbeziehung ist laufend zu überprüfen, dabei sind Übertragungs- und Gegenübertragungsreaktionen sowie Reinszenierungen alter (Bindungs-)Muster beachten.
- Berater*innen sollten verstehen, dass frühzeitige Wünsche nach Trennung und/oder nach mehr Distanzierung in der Beratungsbeziehung durch zu viel emotionale Nähe ausgelöst werden können, die von den Klient*innen noch nicht ausgehalten werden kann und als Bedrohung erlebt werden.
- Ein achtsamer Umgang mit Trennungen (Urlaube, Krankheitsphasen, Abschiede) ist zu beachten. Insbesondere sind soziale und politische Kontextfaktoren einzubeziehen. Zu beach-

ten ist: Je jünger die Klient*innen real oder emotional sind, desto mehr sind sie auf eine reale Beziehung als Bindungsperson angewiesen. Wenn frühere Bindungserfahrungen sehr angstvoll oder aggressionsbesetzt waren, sollte besonders vorsichtig vorgegangen werden, da ein Überfluten mit Affekten eine noch nicht so sichere Bindung überfordern kann (Brisch 2014).

Zudem können bindungsvermeidende Muster hohe Anforderungen an die Berater*innen stellen. Hier ist es ebenfalls wichtig, vorsichtig und akzeptierend vorzugehen. Eine Fokussierung abgewerteter Bindungsbedürfnisse könnte für diese Klient*innen mit zu großer emotionaler Nähe verbunden sein und daher zu einem Kontaktabbruch führen. Daher sollten die Klient*innen die Form und Häufigkeit der Kontakte mitbestimmen.

Beim Vorliegen einer Bindungsstörung ist daher der Aufbau einer professionellen sicheren Beziehung besonders wichtig. Gerade zu Beginn der Traumaberatung kann eine asymmetrische Arbeitsbeziehung entstehen. Das Bindungssystem der Klient*innen kann dabei aktiviert werden, wodurch die jeweils zutreffende Bindungsrepräsentation im Beratungssetting wirksam wird. Daher ist eine ständige Überprüfung der Beziehung notwendig, um bspw. Übertragungen aus früheren Bindungsbeziehungen zu erkennen. Traumaberater*innen sollten sich daher einer stetigen professionellen Selbstreflexion unterziehen (Trost 2015). Für eine professionelle Arbeitsbeziehung ist die Aneignung bindungsspezifischen Fachwissens notwendig, um die Bindungsmuster der Klient*innen zu erkennen und angemessen zu reagieren.

6.4 Mentalisierung

Hilfestellungen zu einer verbesserten Mentalisierung sind für die Traumaberatung (und -therapie) ein weiterer wichtiger Baustein und sollen daher hier erörtert werden.

Insbesondere für Kinder ist es traumatisch, wenn die Bezugspersonen nicht bereit oder in der Lage sind, sich in andere Perspektiven zu versetzen und ihre Bedürfnisse zu berücksichtigen.

Hierzu führt Trost (2021, 11) aus: „Durch die fehlende Perspektivenübernahme wird die Mentalisierung beim Kind gehemmt, ein adaptiver Bewältigungsversuch, mit dem es aus stressökonomischen Gründen ein Nachdenken über die Motive der misshandelnden Bezugspersonen verweigert." Daher ist das Mentalisierungsmodell im Kontext der Traumaberatung für die Betroffenen und ihre Angehörigen von besonderer Bedeutung.

Mentalisieren ist die Fähigkeit, sich über das Selbst und die anderen eine differenzierte innere Vorstellung von der Psyche und ihren Wechselwirkungen, den Erlebens- und Verhaltensbereichen (Gedanken, Gefühle, Absichten) machen zu können.[53] Entwickelt wurde diese Therapieform insbesondere für die Gesundung von Menschen mit Persönlichkeitsstörungen von Anthony Bateman und Peter Fonagy in London, in Deutschland erfolgte eine erste Einführung durch Thomas Bolm (2015). Grundlagen der Mentalisierungstherapie (MBT) sind die Bindungstheorien und die Herausbildung von Ich-Funktionen. Mentalisierungskonzepte verbinden bindungstheoretische, entwicklungspsycholo-gische, psychodynamische, kognitiv-verhaltenstherapeutische, traumabezogene und neurobiologische Konzepte (Bolm 2015).

Grundlegende Ziele der Mentalisierungsförderung sind:

- Einfühlen in die eigene Person und in andere Menschen,
- Reflektieren dieser kognitiv- emotionalen individuellen Muster,
- Verantwortungsübernahme für das eigene Handeln.

Ziel ist es, einen reflektierenden Modus des Realitätserlebens zu erreichen. Hierbei kann der Mensch von beobachtbaren oder unmittelbar erlebten Effekten Abstand nehmen, ohne sie auszublenden zu müssen. Kognitive, affektive, körperliche und soziale Aspekte der Realität können differenziert miteinander verbunden und die Perspektive gewechselt werden. Beispiele: ein Kind weiß, dass die Mutter es beschützen würde und braucht keine permanente Gegenwart. Oder: ein Klient kann ansprechen, dass es ihn verunsichert, wenn der Berater aus dem Fenster schaut.

53 Ausführlicher siehe Bolm 2015.

Ausgangspunkt dieses Konzeptes ist es, dass das reflektierende Selbst eine entwicklungspsychologisch erworbene Fähigkeit ist, die über die wiederholten Bedeutungszuweisungen wichtiger Bezugspersonen vermittelt wird. Diese Fähigkeit ist nicht allein genetisch festgelegt, sondern hängt vor allem von Bezugspersonen ab, die in der Lage sind, eine sichere Bindung mit gelungener Affektabstimmung, und passendem Feedback zu schaffen (Spiegeln). Bindungssicherheit wirkt als Schutzfaktor gegen psychische Erkrankungen. Eine metalisierende Person wird, so ist eine grundlegende These, von den Gedanken und Gefühlen anderer Personen nicht überwältigt, sie weiß, dass die Reaktionen in einem gewissen Maß vorhersehbar sind und sie kann getrennt von ihnen bestehen (Kirsch 2014).

Asen (2021: 9) benennt einige Merkmale von effektivem Mentalisieren:

- Offenheit für Neues entwickelt wohlwollende Neugier für mentale Zustände.
- Das Bewusstsein für Konsequenzen ermöglicht zu verstehen, wie unsere Gedanken, Gefühle und Handlungen sich auf Andere auswirken – und wie wir selbst von den Gedanken, Gefühlen und Handlungen Anderer betroffen sind.
- Die Undurchsichtigkeit mentaler Zustände zeigt auf, dass man sich der mentalen Zustände Anderer nie ganz gewiss sein kann.
- Die Perspektivenübernahme ermöglicht, sich selbst durch die Augen von anderen sehen zu können und zu würdigen, dass andere die Welt anders wahrnehmen als man selbst.
- Reflexive Erwägungen helfen flexibel, entspannt und offen für die Gedanken und Gefühle anderer zu sein, anstatt sie kontrollieren zu wollen.
- Verstehen, dass Handlungen Anderer, selbst wenn sie verletzend sind, aus einem legitimen mentalen Zustand resultieren können.
- Die Fähigkeit des „Gebens und Nehmens“ erwerben, sich abwechseln können.
- Die autobiografische Kontinuität ermöglicht, vergangenes und aktuelles Erleben verbinden zu können.

- Der Glaube an Veränderbarkeit unterstützt die Zuversicht, dass sich Menschen und Dinge ändern können.
- die Verantwortungsübernahme ermöglicht eine Zurechnungsfähigkeit bei sich selbst und anderen,
- Die Annahme einer positiven und wohlwollenden Haltung als Ausgangspunkt beim Selbst wie beim anderen unterstützt Vertrauen.
- Die Verspieltheit und Selbstironie ermöglichen, sich selbst nicht (zu) ernst zu nehmen.
- Demut hilft, sich der Grenzen eigener Fähigkeiten und eigenen Wissens bewusst zu sein.

Die Kennzeichen einer Mentalisierungsstörung sind hingegen:

- eine inkohärente und unrealistische Selbst- und Fremdwahrnehmung,
- mangelnde Subjekt-Objekt-Differenzierung,
- Probleme mit der Nähe-Distanz-Regulierung,
- hohe Projektionsbereitschaft wegen fehlender Unterscheidung zwischen Fantasie und Realität,
- eine beeinträchtigte Affektwahrnehmung und -regulation,
- interpersonelles Ausagieren eigener Probleme,
- ein Angewiesensein auf eine unmittelbar spürbare Präsenz des anderen, eventuell mit manipulativem Verhalten.

Traumata, psychische und physische Vernachlässigung und Gewalt oder andere schwer belastende Lebensumstände können die Qualität der Affektabstimmung stark beeinträchtigen. Dies kann zu verschiedensten komplexen Krankheitsbildern und Traumafolgestörungen ebenso wie zu misslingenden Bindungen führen. Menschen mit stark eingeschränkten Ich-Funktionen, die unter einer strukturellen Bindungsstörung leiden und bei denen das Angst-Bindungs-System hyperaktiv ist, ist Mentalisieren fast nicht möglich. Diese Problematik beeinflusst die „Heilung“ eines Traumas.

Auch Diez Grieser (2022: 198f.) betont die Bedeutung des Mentalisierens im Kontext der Traumaunterstützung. In diesem Kontext benennt sie die folgenden problematischen Verhaltensweisen von traumatisierten Eltern:

- „defensiv, nicht offen und nicht verbunden oder verfügbar;
- bestimmte Gefühle und Gedanken werden vermieden oder führen im Gespräch zu Konflikten und Auseinandersetzungen; reaktiv statt pro-aktiv oder responsiv;
- Fokus auf Kontrolle und Verhalten statt auf (Ver-)Bindung;
- übermäßiges Sicherheitsbedürfnis im Hinblick auf Gefühle, Gedanken und Absichten von anderen;
- keine Schattierungen (Schwarz-Weiß-Denkmuster);
- wenig Verknüpfungen zwischen innen/außen, Vergangenheit/ Gegenwart;
- negative Erzählungen über die Kinder/diese werden negativ beschrieben;
- Empfindlichkeit gegenüber Ablehnung;
- Rollenumkehr;
- Mühe, sich an die Entwicklungsmöglichkeiten des Kindes anzupassen;
- Wiederholung funktionaler Verhaltensweisen."

In der Arbeit mit den Eltern, darauf verweist die Autorin, sei es entscheidend, ihre Neugierde und ihr Interesse für Gedanken, Gefühle, Motivationen hinter dem Verhalten ihrer Kinder zu wecken, um dann in kleinen Schritten die Gedanken und Gefühle der Kinder und der Eltern miteinander zu verknüpfen. Um die mentalen Prozesse der Eltern (bzw. der Partner / Partnerin) zu unterstützen, können diese z.B. gefragt werden:

- Was denken Sie, wie es Ihrem Kind in dieser Situation ergangen ist?
- Was hat es wohl gedacht?
- Was hat es in dieser Situation gefühlt?
- Hatten Sie diese Reaktion des Kindes erwartet? Weshalb?
- Was glauben Sie, hätten Sie in diesem Moment gebraucht oder sich gewünscht?
- Was könnte Ihr Kind gedacht haben, was in dieser Situation wohl in Ihrem Kopf vorgegangen ist?
- Was für Gefühle hatten Sie, wenn sie an Ihr Kind in dieser Situation denken?
- Was meinen Sie: Welche Gefühle hat Ihr Kind in dieser Situation Ihnen gegenüber?

In den Gesprächen mit den Betroffenen und ihren Angehörigen könnten diese Aspekte immer wieder eingebracht werden, zudem kann die Mentalisierungsfähigkeit mithilfe verschiedener Medien verbessert werden (z.B. Geschichten in verschieden Situationen weitererzählen lassen, Gefühle zu Figuren benennen lassen).

Mithilfe verschiedenster Übungen und einer Ausrichtung des Gesprächs auf diese Problematik kann diese Störung reduziert werden. Für die Beratung ist bedeutsam: Klient*innen (und Berater*innen) benötigen das Erleben hinreichender innerer und äußerer Sicherheit und Selbstwirksamkeit. Dies ist besonders wichtig bei belastenden Gesprächsinhalten und Auseinandersetzungen. Ein wichtiger Faktor für das Sicherheitserleben de Klient*innen ist die spürbare Präsenz des Beraters bzw. der Beraterin. Rahmen und Ablauf müssen klar, transparent und flexibel sein. Die Klient*innen müssen mit all ihren Affekten zunächst gewürdigt werden, bevor problematische Themen ansprechbar sind. Möglichst soll keine „Übertragungsneurose“[54] forciert werden. Vereinbarungen können getroffen werden, jedoch sind Klient*innen mit sehr eingeschränkter mentaler Regulierungsfähigkeit häufig nur sehr eingeschränkt in der Lage „Verträge“ zu nutzen, da sie in belastenden Situationen häufig wenig adäquat denken können (Taubner 2015).

Folgende allgemeine Strategien benennt Bolm (2015) im Umgang mit Mentalisierungsstörungen, bzw. bindungsbeeinträchtigten Menschen:

- Sicherheit vermitteln,
- hyperaktives Bindungssystem deaktivieren,
- Neugier vermitteln, Explorationssystem aktivieren,
- Austausch fördern, Explorationsprozess sichern,
- Kohärenzerleben und intersubjektive Realitätssicht fördern,
- dialektischen Prozess eingehen zwischen hinreichenden Sicherheitserleben und Mut zur Konfrontation mit unbekannten oder belastenden Erfahrungen.

54 Der Begriff der Übertragungsneurose wird in diesem Konzept aus der Psychoanalyse übernommen, er ist hier so zu verstehen, dass Übertagungsgefühle der Klient*innen nicht gefördert werden sollten, sondern dass Übertagungen möglichst aufzulösen sind (siehe Beushausen 2020).

- Kongruentes intervenieren meint, dass der Inhalt genau auf den mentalen Zustand der Klient*innen abgestimmt ist. Die Klient*innen erkennen sich in Inhalt und der Form der Äußerung selbst wieder.
- Markiertes Antworten meint, dass die Berater*innen das, was sie bei den Klient*innen wahrnehmen, moduliert zurück spiegeln (also leicht verfremdetes Antworten),

Folgende Techniken und übende Verfahren können hilfreich sein:

- Gesichtsausdrücke auf Fotos oder in Filmausschnitten passenden Affekten zuordnen,
- in Rollenspielen das Ausdrücken von Gefühlen üben.
- Eine Geschichte wird bis zur Mitte erzählt und dann überlegt, was empfunden wird und wie sich die Beteiligten der Geschichte weiter verhalten könnten.
- Beziehungskonstellationen werden daraufhin analysiert, was alle daran Beteiligten fühlen und welche handlungsrelevanten Motive sie haben,
- Gestalten von positiven Bildern gelungener Beziehungen mithilfe kreativer Medien,
- nachfragen im Sinne einer nichtwissenden Haltung und Vermittlung von Interesse, z. B.: „Können Sie das genauer beschreiben? Das verstehe ich nicht, können Sie mir dies bitte erklären."
- Projektionen sollen zunächst nicht infrage gestellt und negative Zuschreibungen nicht zurückgewiesen werden, bis die Klient*innen sich (idealerweise im reflektierenden Modus) selbst infrage stellen können.
- Problematische Übertragungen sind zu validieren, z. B.: „Ach so, für Sie bedeutet meine Stirnfalte, dass ich ärgerlich bin, jetzt verstehe ich Sie natürlich besser."
- Bei Deutungen sollten die Berater*innen zurückhaltend sein, stattdessen sollte gemeinsam nach Bedeutungen gesucht werden.
- Halten sich Klient*innen lange in der Innenwelt auf, sollte die Außenwelt fokussiert werden (und umgekehrt).

Mentalisierende Unterstützung passt besonders gut zu den Behandlungsbedürfnissen von komplex traumatisierten Menschen.

Traumatisierten Personen soll eine korrigierende Beziehungserfahrung angeboten werden, ohne die Autonomie und Eigenverantwortung einzuschränken.

6.5 Stabilisierung und Stabilisierungstechniken

Für die Beratung (und die Therapie) ist die Stabilisierung der Klient*innen und der sekundär traumatisierten Angehörigen besonders wichtig. Wie bereits beschrieben, führen traumatische Erlebnisse zu akuten und chronischen somatischen Stressreaktionen. Traumatisierte Menschen reagieren oft auf minimalen Stress mit extremer Über- oder Untererregung, denn die Amygdala vergisst nicht, sie kann jedoch durch übende Verfahren und die Traumatherapie beeinflusst werden. Somit ist auch aus neurowissenschaftlicher Perspektive stabilisierende Arbeit wichtig. Ein Schritt zur Stabilisierung kann, so Wolfisberg (2009), eine pharmakologische Intervention sein, um zu verhindern, dass sich die Assoziationen des Schreckens im von der Amygdala gesteuerten Teil des Gedächtnisses festsetzen. Als ebenso hilfreich werden sinnvolle Körperübungen und die Teilnahme an Entspannungs- und Antistressübungen[55] im Kontext tragender Beziehungen gesehen.

Entscheidend ist, dass sich der traumatisierte Mensch frühzeitig körperlich und emotional in einer sicheren Umgebung befindet. Psychologische Stabilität ist erreicht, wenn ein Gefühl der Sicherheit, der Kontrolle und der Vorhersagbarkeit der Situation (Kohärenz) entstanden ist, wenn physiologische und biologische Belastungsreaktionen einschließlich der Dissoziationen kontrolliert werden können, wenn ein adäquater Umgang mit den überwältigenden Erfahrungen gelingt und verlässliche soziale Bindungen etabliert sind.

55 Allerdings ist zu beachten, dass traumatisierte Menschen bei der Aufforderung sich zu entspannen, oftmals an Traumata erinnert werden. Solche „Entspannung“ ist zu vermeiden (Korittko 2021).

Um eine Stabilisierung zu unterstützen sind gleiche Rituale und Strukturen, wie bspw. der gleiche Beratungsraum, Regelmäßigkeit bei Terminen, sowie bei Essens- und Schlafenszeiten und bei Aktivitäts- und Ruhe-Phasen, ebenso wie stabile soziale Netzwerke und sportliche Betätigung von Bedeutung. Kontraindiziert ist ein Täterkontakt, dieser muss verhindert werden (Van der Kolk 2000). Fast immer ist nicht nur der traumatisierte Mensch, sondern immer auch das soziale Netzwerk verunsichert und damit mitbetroffen. Daher sind die Netzwerkstabilität und das Ressourcenmanagement des Netzwerks für die Erhaltung und Wiederherstellung der Gesundheit der einzelnen Netzwerkmitglieder von großer Bedeutung.

Stabilisierende Übungen können sehr hilfreich für Menschen in vielfältigen Krisen und damit für die Traumaberatung sein. Die vielfältigen Stabilisierungsübungen fokussieren jeweils bestimmte Schwerpunkte. Nach ersten allgemeinen Hinweisen werden im Weiteren eine Reihe von Übungen vorgeschlagen.

Stabilisierende Arbeit ist in die Zukunft gerichtet. Dies beinhaltet eine Lösungs- und Alltagsorientierung sowie die Absicht, direkte Veränderungen anzustoßen, um eine Alltagsstabilität zu erreichen. Viele Übungen nutzen die imaginativen Fähigkeiten der Klient*innen. Imaginative Verfahren haben ihre Wurzeln in verschiedensten psychotherapeutischen Methoden. Für Reddemann (2004) ist die Imagination ein Raum der Freiheit, in dem alles möglich ist. In diesen Räumen können wir klein oder groß, Tiere, Bäume, Steine, Helden oder Feiglinge sein. In diesen Welten öffnet sich das weite Reich des „kollektiven Unbewussten". Gerade belastete und traumatisierte Menschen haben einen intensiven Zugang zu ihren Imaginationen, sie können sehr lebhafte Bilder in sich entstehen lassen. Diese sind in Ressourcen umzuwandeln und konstruktiv zu nutzen. Imaginationen können mit den verschiedensten Sinnesqualitäten assoziiert sein. Daher sollten Übungen ausgewählt werden, die jeweils bei diesen Sinnesqualitäten ansetzen. Interessant sind in diesem Zusammenhang Erkenntnisse der modernen Hirnforschung, nach denen imaginäre zukünftige Handlungen ähnliche hirnorganische Prozesse auslösen wie eine entsprechende konkrete Tätigkeit (Hanswille, Kissenbeck 2008). Bei dem Einsatz von Imaginationsübungen und insgesamt bei den im Weiteren vorgestellten Stabilitätsübungen ist zu beachten, dass diese wirksamer sind, wenn sie einen positiven Ritualcharakter aufweisen, d. h., sie sollen immer wieder auf die gleiche Weise geübt werden.

Imaginationsübungen werden oftmals mit einer Entspannungsindikation eingeleitet, in der die Klient*innen typischerweise aufgefordert werden, eine bequeme Körperhaltung einzunehmen, eventuell die Augen zu schließen oder, wenn sie möchten, diese offenzulassen und sich einen Punkt zu suchen, auf den sie schauen. Sie werden aufgefordert, den Körper auf eine für sie vertraute und angenehme Weise zu entspannen. Wenn sie möchten, können sich die Klient*innen vorstellen, dass sie mit jedem Atemzug entspannter werden. Es ist jedoch keine Voraussetzung, sich während der Übung zu entspannen; eine Alltagstrance stellt sich bei den meisten Menschen auch ohne eine Entspannungserfahrung ein. Reddemann (2004) betont in ihren Anleitungen: Sie können sich entspannen, wenn Sie wollen, Sie brauchen sich nicht zu entspannen, wenn Sie nicht wollen, Sie können einen Teil des Körpers angespannt lassen, wenn Sie wollen, um sich sicher zu sein, dass Sie die Kontrolle haben.

Die folgenden Stabilisierungsübungen sind einzelnen Schwerpunkten zugeordnet (Beushausen 2020).

Übungen zum Schwerpunkt Abgrenzung von belastenden Gefühlen und Gedanken

- Der innere sichere Ort

Ziel: Der innere sichere Ort dient dazu, in der Imagination Erfahrungen von Sicherheit und Geborgenheit zu erfahren. Ziel ist die Vermittlung eines inneren Objekts, das die Erfahrung von Sicherheit bietet.

Beschreibung: Die Anweisungen können nach einer Entspannungsübung (siehe oben) wie folgt lauten: Bitte gehen Sie an einen Ort in Ihrem Inneren, wo Sie sich ganz sicher, ganz wohlfühlen und den Sie nur allein betreten können. Lassen Sie auftauchen, was immer auftaucht, versuchen Sie, es anzunehmen. Sollten unangenehme Bilder auftauchen, lade ich Sie ein, einfach weiterzugehen, denn auch Sie werden einen sicheren Ort finden. Wird der sichere Ort erreicht, werden die Klient*innen gebeten, diesen zu beschreiben, sich dort sicher zu fühlen und sich umzuschauen, was sie sehen, hören, riechen, auf der Haut spüren. Mit den Klient*innen wird ein Zeichen verabredet, mit dessen Hilfe sie jederzeit an den sicheren Ort gehen können. Es ist wichtig, darauf zu verweisen, dass dieser Ort von keinem anderen Wesen betreten werden kann, es sei denn, dass die betreffende Person dies wünscht.

Anmerkung: Reddemann (2004) empfiehlt, keine aktuellen Freund*innen an diesen Ort einzuladen, da Beziehungen in der Regel ambivalent und belastend sein können. Oftmals müssen die Klient*innen während der Übung unterstützt werden; wenn sie z. B. mitteilen: „Ich friere", dann könnten ein Ofen oder die Sonne imaginiert werden.

- Der innere Tresor

Ziel: Diese klassische, oftmals sehr schnell zu erlernende Übung dient dazu, bewusst zu verdrängen und „wegzupacken".

Beschreibung: Die Klient*innen werden in einer Imagination aufgefordert, in einem Zimmer einen Gegenstand auszuwählen, in dem sie etwas „problematisches, bedrängendes" aufbewahren können. Haben sie einen Gegenstand gefunden (bspw. eine Truhe, Holzkiste etc.), können sie aufgefordert werden, die Schließvorrichtung genau zu betrachten oder in der Fantasie zusätzliche Mechanismen einzubauen (wie ein zusätzliches Zahlenschloss oder eine dickere Außenwand etc.). Anschließend werden die Klient*innen aufgefordert, das, was sie wegpacken möchten, „einzulagern" und den Gegenstand gut zu verschließen. Dann wird reflektiert, ob die Situation für heute angemessen gelöst ist, ob noch mehr „einzupacken" ist oder ob man sich eventuell doch nicht davon trennen will.

Übungen zum Schwerpunkt Ablenktechniken

Ziel: Sie dienen der Stressregulierung, z. B. in Triggersituationen. Die Aufmerksamkeit soll abgelenkt werden, um Einfluss auf die inneren Wahrnehmungsprozesse zu erlangen.

Beschreibung: Der betreffenden Person wird vorgeschlagen, intensiv den Raum wahrzunehmen, indem beispielhaft Zählaufgaben gegeben oder Muster gesucht werden.

Variation 1: Starke Sinnesreize (auditiv: laute Töne, Geräusche oder Musik produzieren oder hören; gustatorisch: Scharfes wie Senf, Bitteres wie Kräuter oder Saures wie Zitronensaft auf die Zunge legen; olfaktorisch: einen scharfen Geruch wie Essig einatmen; taktil-kinästhetisch: Eiswürfel auf die Haut legen, einen Igelball kneten, kalt duschen) können zu einer Reorientierung verhelfen.

Variation 2: Ablenkungen (Ablenkskills), z. B. Zählübungen rückwärts, eine Strecke abschreiten, Zeichen oder Schreibübungen, Atemübungen

Variation 3: Die 5-4-3-2-1-Übung: Nacheinander wird die Aufmerksamkeit auf fünf Dinge im Raum gerichtet, die nicht beunruhigen, die zu sehen, zu hören oder zu spüren sind.

- Sich vom inneren Gepäck distanzieren

Ziel: Viele Menschen sind sich nicht bewusst, wie viel „Last“ sie mit sich herumtragen. Die Übung hat das Ziel, in der Imagination oder in einer Inszenierung, „psychisches Gepäck“ wahrzunehmen, vorübergehend abzulegen, ganz abzugeben oder auch wieder aufzunehmen.

Beschreibung: In einer Imagination stellen sich die Klient*innen vor, dass sie sich auf einem Wanderweg befinden, sie kommen an einen Baum und legen dort das Gepäck ab.

Variation: Eine Inszenierung, bei der symbolische Lasten aufgenommen und gespürt werden, hat den Vorteil, in der Szene eruieren zu können, welche Geschichte die Übernahme dieser Lasten hat und was die Klient*innen in der Realität tun müssten, um sich von ihnen zu befreien. Dies kann in einer Probehandlung ausprobiert werden.

Übungen mit dem Schwerpunkt „innere Helfer*innen“

Ziel bei diesen Übungen ist die Suche nach inneren Helfer*innen, die Trost und Halt geben und als „Repräsentanten guter innerer Objekte“ zu nutzen sind.

Anmerkung: Für die Klient*innen ist zum Verständnis ein Vergleich mit Märchenfiguren hilfreich, denn in zahllosen Märchen kommen Helfer*innen vor. Diese Übungen sollten täglich mehrmals durchgeführt werden.

- Die inneren Helfer*innen – innerer Beistand

Beschreibung: In dieser Übung wird die Klient*innen in der Fantasie einleitend zu einem inneren sicheren Ort geleitet und dann aufgefordert, einen inneren Helfer oder Helferin zu imaginieren. Dieser wird gebeten, auf einer Bank Platz zu nehmen, und gefragt, wie er hilfreich sein kann und ob er eine Empfehlung im Umgang mit der schwierigen Situation hat. Manchmal antworten die Helfer*innen direkt, manchmal verschlüsselt. Ziel ist, einen inneren Beistand zu „installieren“, zu dem man immer wieder eine positive Beziehung aufnehmen kann, indem man sich an diese Übung und die Ratschläge der Helfer*innen erinnert. Die Klient*innen werden gefragt, welche positiven Sätze diese „Helden“ ihnen für ihr Leben mitgeben.

Anmerkung: Nach meinen Erfahrungen wirkt diese Identifikation oft unterstützend. In dieser Übung ist es wichtig, „ungebetene, ambivalente, böse Helfer*innen“ wegzuschicken. Für manche Menschen ist Gott ein innerer Helfer, der jedoch ein liebevoller und kein strafender Gott sein sollte. Manchen Menschen sind aus der Kindheit Schutzengel vertraut, die auch als Helden zu nutzen sind. Hilfreich sind nach meinen Erfahrungen Personen oder Wesen besonders dann, wenn sie in der Kindheit Unterstützer waren. Wenn die Klient*innen keine positiven Erfahrungen mit Menschen abrufen können, ist es möglich, Roman- oder Filmhelden herbeizurufen oder Personen zu erfinden.

Variationen: Es besteht die Möglichkeit, die folgenden Helfer*innenrollen zu „installieren“:

- innere Beobachter

Auch dies ist eine Übung zur Distanzierung, indem das „beobachtende Ich“ mobilisiert wird. Der „innere Beobachter“ kann bspw. ermuntert werden, einen bestimmten Sachverhalt zu beobachten, um beim nächsten Gespräch über Ausnahmen zu berichten, in denen ein Symptom nicht auftrat.

- erfundene Ko-Berater*innen

Die Klient*innen erfinden imaginäre zweite Berater*innen, der über besondere Kompetenzen verfügt (Bekannte, Zauberer etc.), und spielen eventuell diese Rolle. Bei Kindern sind Tierfiguren besonders wirksam.

- den inneren Arzt fragen

Was würde mir ein „Arzt“ raten? Ziel ist, über diese Rolle Distanz zu erreichen und neue Anregungen „von außen“ zu erhalten.

- dem inneren Kritiker einen Brief schreiben

Wenn es bereits möglich ist, kann es hilfreich sein, sich vom inneren Kritiker mithilfe eines Briefes zu distanzieren.

Weitere Übungen

- Alltagsskills

Zur Reduzierung von Dissoziationen und starken Gefühlen werden, um sich abzulenken, sogenannte Skills eingesetzt. Bei nicht so schwerwiegenden Problematiken kann vereinbart werden, alltägliche Handlungen durchzuführen (Schuhe putzen, sich umziehen, den ganzen Körper einölen, Geschirr abwaschen, bügeln, sehr viel Wasser trinken). Bei schweren Problematiken werden schmerzende Gegenstände wie Gummibänder oder Igelbälle eingesetzt.

- Notfallkoffer

Beschreibung: In dieser Übung wird überlegt, was für hilfreiche symbolische Gegenstände ein „Koffer“ enthält, und es wird geübt, diesen bei Problemen zu nutzen. Er beinhaltet u. a. die geübten Techniken zur Affektregulation. Mit den Klient*innen wird erörtert, wie sie diese in Krisen nutzen können.

- Notfallplan/Notfallliste

Beschreibung: In einem Formular wird eingetragen, woran eine kritische Situation zu erkennen ist und wie in Krisen zu reagieren ist. Aufgeschrieben werden hilfreiche Handlungen und Adressen von Helfenden. In einer Notfallliste können zur sofortigen Orientierung beruhigende Tätigkeiten zum Stressabbau eingetragen werden.

- Beziehungslandkarte /Netzwerkanalyse

Beschreibung: Mithilfe von Symbolen (Kreise, Geldstücke, Bauklötze) wird eine Beziehungslandkarte erstellt und im Gespräch erörtert. Auch hier wird der Schwerpunkt auf eine Ressourcenlandkarte beziehungsweise eine Sicherheitslandkarte gelegt.

- Ressourcenorientierte Übungen – Biografie als Quelle von Ressourcen

Beschreibung: Auf einem großen Stück Papier (Tapetenrolle etc.) werden Lebensstationen aufgemalt und Ressourcenschätze (persönliche Fähigkeiten, positive Erlebnisse, Beziehungsressourcen, Interessen und Freudvolles) gesucht. Eine „Glücksgeschichte“, die passieren könnte (mit einem positiven Ausgang) wird aufgeschrieben.

  - Eine Person sucht sich einen „Kraftstein“ aus, der symbolisch mit guten Eigenschaften/Kräfte geladen ist. Alternativ können Ressourcen implantiert werden: In einer Imagination stellen die Klient*innen sich Ressourcen vor, die sie haben oder gern entwickeln möchten, da sie diese z. B. für eine bestimmte Situation benötigen. Diese Ressourcen werden auf einen kleinen Chip übertragen, der dann imaginär in eine bestimmte Stelle im Körper „eingepflanzt“

wird, um dort zu „wachsen“. Durch Berühren der Stelle gibt dann der Chip im gewünschten Maße die Ressourcen frei

- Ressourcenkoffer: Ein Koffer wird gemalt, in denen metaphorisch Gegenstände eingepackt werden, indem vier Felder eingezeichnet werden:
  - Feld 1: charakterliche persönliche Ressourcen,
  - Feld 2: Familie und Freund*innen zugeschriebene Ressourcen,
  - Feld 3: soziale Ressourcen, die die Klient*innen in Gruppen, der Familie und bei Freund*innen präsentieren können,
  - Feld 4: gewünschte Ressourcen, die die Klient*innen entwickeln möchten (nach Hanswille, Kissenbeck, 2008).
- Ein Ressourcenteam mit „Helfer*innen“ (z. B. ein Lieblingstier, ein innerer Beistand, Helfer*innen aus der Familie, Helfer*innen aus einem Film) wird in einer Imagination gefunden.

▪ Strukturierungshilfen

Beschreibung: Vereinbarte Stundenpläne helfen hinsichtlich der Regelmäßigkeit beim Essen und Schlafen und zu den Aktivitäts- und Ruhephasen, denn diese strukturieren den Alltag. Die Pläne werden gemeinsam erarbeitet.

Neben diesen Stabilisierungsübungen und der im Weiteren vorgestellten Hilfen zur Emotionsregulierung sind für die betroffene Familien neben den Gesprächen auch weitere Unterstützungsformen hilfreich. Diese reichen von Entspannungsübungen, Bewegung und Sport, der Einbezug von Tieren als Medium, die Ergotherapie oder z.B. die Motopädagogik. Eines dieser hilfreichen Medien ist das bereits vorgestellte therapeutische Klettern.

6.6 Emotionsregulierung

Bei Menschen mit psychischen Erkrankungen und Traumata ist die Funktionalität der Emotionen oftmals „gestört". Diesen problematischen Formen der Affektivität liegt, so Reicherts (2014), meist eine unangemessene Emotionsverarbeitung und -regulation zugrunde.

Traumatische Erfahrungen haben einen großen Einfluss auf die Emotionswahrnehmung und Emotionsregulation. Traumata prägen die Entwicklung von Emotionsregulationsstrategien, d. h., oftmals haben diese Menschen keine funktionalen Strategien im Umgang mit ihren intensiven Emotionen zur Verfügung. Stattdessen kommt es oftmals zur Vermeidung der Stimuli mit z. B. weglaufen oder anderen problematischen Verhaltensweisen wie z.B. exzessivem Alkoholgebrauch. Angehörige benötigen hier Wissen über Zusammenhänge von Traumata und einer mangelnden Emotionsregulierung, damit sie die Situation besser einschätzen und verstehen können. Zudem brauchen auch sie oftmals eine Unterstützung ihrer Emotionsregulierung, insbesondere um einer starken Emotionsansteckung entgegenzuwirken.

Zunächst werden Erkenntnisse über die Bedeutung der Emotionen und der Emotionsregulierung zusammengefasst, um dann verschiedene Hilfen vorzustellen (ausführlicher siehe Beushausen und Schäfer 2021).

Der Begriff der Emotion wird hier auch als Oberbegriff für Stimmungen und Affekte genutzt. Emotionen bestimmen unser Leben, sie haben eine Signalfunktion und wirken oftmals unbewusst. Mit ihnen stimmen wir uns mit anderen Menschen ab, sie sorgen dafür, dass andere sehen können, wie es uns geht. Emotionen bereiten unsere Reaktionen und Verhaltensweisen vor, indem sie Energie bereitstellen und unseren Körper und unser kognitives System in Aktionsbereitschaft versetzen (Reicherts 2014). Emotionen entstehen als Folge von Bewertungen der aktuell wahrgenommenen Situation in Bezug auf unsere Erwartungen, Ziele, Wünsche und Bedürfnisse.

Emotionen lassen sich als biopsychosoziale Zustände verstehen, bei denen in einem sozialen Kontext typische Emotionen (wie dem Gefühl der Angst oder der Bedrohung) mit physiologischen Reaktionen (wie Zittern oder einer erhöhten Herzfrequenz) verknüpft sind. Die Bewertungen der Emotionen werden von unseren Körperempfindungen beeinflusst und dabei oft von alten vergangenen Informationsverarbeitungsmustern (Schemata) gesteuert. Häufige alte Muster sind bspw. das „Ich-bin-nichts-wert-Schema“, das „Ich-muss-immer-allen-gefallen-Schema“ oder das „Ich-muss-immer-für-Harmonie-sorgen-Schema“. Diese Schemata sind oft ein zentraler Auslöser negativer Gefühle und damit gleichzeitig auch ein wichtiger Ansatzpunkt für die Emotionsregulation. Sozial hiermit verknüpft ist eine Verhaltenstendenz, wie z.B. die des Kontaktabbruchs.

Traumatisierte Personen und ihre sekundär traumatisierten Angehörigen benötigen Unterstützung, da sie häufig chronisch angespannt und ständig intensive Gefühle von Angst, Ohnmacht, Schuld oder Scham erleben. Oftmals können sie keine aktive Rolle einnehmen, stattdessen herrschen Gefühle von Starre, Machtlosigkeit und ausgeliefert sein vor. Strategien zum Umgang mit diesen intensiven Emotionen stehen nicht ausreichend zur Verfügung. Viele traumatisierte Menschen erleben besonders intensiv ihre verschiedensten Gefühle, z.B. Wut, Ekel, das Gefühl von Leere oder auch intensive Schuld- und Schamgefühle. Andere Personen hingegen reagieren anders, sie haben große Angst vor Emotionen, da sie diese als sehr unangenehm und unkontrollierbar erleben. Hier wird von einer Emotionsphobie (Fischer 2016) gesprochen, die eine Angst vor Emotionen kennzeichnet. Diese entsteht mitunter als Folge von traumatischen Situationen, in denen Gefühle als unkontrollierbar oder besonders unangenehm erlebt wurden. Allgemein wird ein Mangel an emotionalen Gewahrsam als Einschränkung der Emotionswahrnehmung verstanden (Wagner, Russinger 2016). Ziele der Emotionsregulierung sind neben der Wahrnehmung und der Regulierung der Emotionen die Deeskalation, um die Situation zu entschärfen und einen Ausweg anzubieten, Selbstkontrolle, Selbststeuerung und die Senkung der Grundanspannung, z.B. mithilfe von Entspannung- oder Achtsamkeitsverfahren. Oftmals liegt das Ziel zunächst nicht direkt in der Bewältigung oder Veränderung, sondern in der Akzeptanz dessen.

Die Emotionsregulierung umfasst alle Prozesse der Einflussnahme auf Entstehung, Verlauf, Erleben und Ausdruck von Emotionen und emotionalen Reaktionen. Sie ist keiner einzigen theoretischen beziehungsweise psychotherapeutischen Richtung zuzuordnen, sondern geprägt von verschiedenen Ansätzen. Emotionsregulierende Maßnahmen sollten Bestandteil eines umfassenden Hilfekonzeptes sein und z.B. parallel zu Familiengesprächen, einer Sportgruppe und einer beruflichen Wiedereingliederungsmaßnahme erfolgen (siehe Reicherts 2014).

Berking (2017: 15) benennt sieben Kompetenzen, die für die Regulation der eigenen Emotionen besonders bedeutsam und jeweils zu fokussieren sind:

1. Die eigenen Gefühle bewusst wahrnehmen können,
2. die eigenen Gefühle erkennen und benennen können,
3. die Ursachen des aktuellen Befindens erkennen können, um Ansatzpunkte für die Veränderung abzuleiten,
4. sich in belastenden Situationen innerlich emotional unterstützen können. Diese Kompetenz der Selbstunterstützung in emotional belastenden Situationen ist wichtig, um weitere Kompetenzen abrufen zu können. Fehlt diese Kompetenz, löst dies oft weitere negative Gefühle aus, bspw., wenn das Verstehen der Emotionen mit schmerzhaften Erkenntnissen verbunden ist oder das Regulieren zu anstrengend ist und nicht sofort zum Erfolg führt. Verschlechtert sich während der aktiven Emotionsregulation die Stimmung zu sehr, besteht die Gefahr, dass der Prozess der bewussten Emotionsregulation von spontanen Verhaltensweisen abgelöst wird, deren primäres Ziel die Verbesserung der aktuellen Stimmungslage ist, auch wenn dies mit langfristig problematischen Folgen einhergeht.
5. Die eigenen Gefühle aktiv positiv beeinflussen können,
6. negative Gefühle bei Bedarf akzeptieren und aushalten können. Die Kompetenz des Akzeptierens und Aushaltens ist bedeutsam, da Emotionen oft nicht durch bloße Willenskraft verändert werden können. Das Akzeptieren und das Aushalten stellen eine Alternative zum „Regulieren“ für den Fall dar, dass eine Veränderung des Gefühls nicht möglich oder mit zu hohen „Kosten“ verbunden ist.
7. Sich mit emotional belastenden Situationen konfrontieren können und sich auch emotional belastenden Situationen zu stellen, wenn wichtige Ziele erreicht werden sollen.

Bei der Fokussierung der Emotionen ist in der Praxis zu beachten:

- Zunächst ist diagnostisch zu erkunden, in welchem Bereich die Schwierigkeiten liegen. Zu unterscheiden sind zwei Formen der Regulationsstörung: eine Unterregulation von Emotionen oder eine Überregulation. Der Einsatz von Übungen ist hilfreich, um schwache Emotionen zu fördern (z. B. Freude, Stolz oder das Aussprechen von Ärger = Überregulation) oder starke negative Emotionen bei einer Unterregulation abzuschwächen.
- Diese Unterstützung wird als Co-Regulation bezeichnet, die bereits Säuglinge benötigen (s.o.). Stark emotionalisierten Personen ist bei der Schilderung ihrer Emotionen ruhig zuzuhören, sowie Verständnis für z. B. die Angst oder die Wut zu zeigen. Diese Ruhe der Helfenden bewirkt oftmals, dass sich die emotionalisierten Personen beruhigen können.
- Die Unterstützung kann in verschiedenen Settings, in Einzel-, Paar-, Familien oder Gruppenberatungen, sowie im pädagogischen Alltag erfolgen
- Möglicherweise treten Sekundärgefühle, anstatt der Primärgefühle auf. Als Primärgefühle werden die ersten authentischen Reaktionen auf eine Situation verstanden. Bei den sekundären Gefühlen handelt es sich hingegen um sogenannte Stellvertretergefühle, die auftreten, wenn das Primärgefühl nicht zugelassen werden kann (Wagner, Russinger 2016). Beispielsweise kann jemand aggressiv auftreten, statt seine Angst zuzulassen. Helfer*innen sind daher gefordert hinter dem Sekundärgefühl mögliche Primärgefühle zu erkunden, wobei sie reflektieren sollten, ob sie selbst auch Sekundärgefühle zeigen, die dann wiederum die traumatisierten Menschen verunsichern können. Fischer (2016) nennt drei Fragen, die helfen, die Primärgefühle zu erkennen:
  - Sind die Gefühlsreaktionen der Situation angemessen oder könnte ein anderes Gefühl dahinterstecken?
  - Passt die Mimik zur aktuellen Gefühlsreaktion?
  - Bin ich in irgendeiner Art und Weise verunsichert über den Gefühlsausbruch?

- Oftmals ist es nützlich, stark emotionalisierte Personen erst anzusprechen und entsprechende Vermutungen zu äußern, wenn die Gefühlsreaktionen abgeklungen sind.
- Insbesondere bindungstraumatisierte Menschen benötigen Bezugspersonen, die durch eine Co-Regulation neue Erfahrungen ermöglichen und die Förderung und Entwicklung der Selbstregulation anregen.
- Eine mangelnde Emotionsregulierung steht oft in einem Zusammenhang mit einer großen Grundanspannung. Die Betroffenen sollten daher unterstützt werden zu lernen, wie sie ihre Grundanspannung reduzieren und in bestimmten Situationen alternative Reaktionsmöglichkeiten nutzen können. Dies geschieht z. B. durch Achtsamkeits- oder Entspannungsverfahren.
- Die Betroffenen benötigen geduldige Helfer*innen, denn psychologische und neurobiologische Entwicklung benötigt viele Wiederholungen, um die neuronalen Verknüpfungen durch den menschlichen „guten Kontakt" – durch Begegnung – zu stabilisieren. In der beraterischen Praxis unterstützen Helfer*innen diese Prozesse auch durch Modelllernen, indem sie in der Beratung und im Alltag (wie im schulischen Kontext, der Jugendgruppe im Wohnheim für Flüchtlinge) passende Emotionen zeigen.

Hilfreich können folgende, zu erfragende Aspekte sein (nach Tullius 2020: 131f):

- Was ist das auslösende Ereignis für die Emotion (hierbei ist jedoch zu beachten, dass die Schilderung nicht unnötig belastet)?
- Mit welchen Gedanken kann dieses Gefühl beeinflusst werden?
- Wie ist die Körperwahrnehmung, welche körperlichen Veränderungen können beobachtet werden?
- Was wird in der Situation getan bzw. welchen Handlungsimpuls gibt es?
- Was für ein Bedürfnis drückt sich durch die Emotion aus?
- Was wäre ein angemessener, hilfreicher Ort im Umgang mit dieser Emotion?

Dabei wird von der Grundhaltung ausgegangen, dass jede Emotion einen guten Grund hat und dass es keine falschen Emotionen gibt, auch wenn diese unangemessen ausgedrückt werden. Die Betroffenen erleben, dass auch starke Emotionen nachvollziehbar sind, auch wenn das vielleicht daraus resultierende Verhalten nicht „sinnvoll sein mag“.

Fischer (2016: 10) schlägt für die Kinder- und Jugendhilfe die folgenden Schritte vor, die hier auf alle Altersgruppen bezogen werden:

1. Selbst so ruhig wie möglich bleiben (z. B. tief durchatmen!),
2. Emotionen validieren („Ich sehe, dass du gerade sehr wütend bist und ich kann dies verstehen.“),
3. Beistand anbieten („Ich bleibe bei dir oder ich warte vor der Tür, falls du mich brauchst.“),
4. eine Erklärung für den emotionalen Zustand gemeinsam suchen. („Ich bin mir nicht sicher, ob ich genau verstanden habe, was Sie so geängstigt hat. Können Sie mir dies erzählen?“),
5. gemeinsam einen Ausweg suchen („Was meinen Sie, was wäre jetzt hilfreich?“ Oder: „Ich schlage vor, dass wir gemeinsam etwas spazieren gehen, das hat beim letzten Mal geholfen.“)

Zu beachten ist, dass Validierung jedoch auch zu einer stärkeren Emotionalisierung beitragen kann. Emotionsregulierung kann, wie bereits erwähnt, an unterschiedlichen Stellen ansetzen. Hierzu gehört eine Veränderung möglicher Stressoren, eine gedankliche andere Bewertung, eine Veränderung des Verhaltens und eine Veränderung der körperlichen Reaktionen. Das Konzept der Veränderung körperlicher (leiblicher) Reaktionen geht davon aus, dass Emotionen Einfluss auf die Körperspannung, Körperhaltungen und die Bewegung haben und auch umgekehrt, dass das Verändern von Körperspannung, Körperhaltung und Bewegungen die emotionale Befindlichkeit verändert. Wer eine entgegengesetzte Körperhaltung annimmt oder sich anders bewegt, ruft eine komplementäre Emotion hervor oder schwächt die aktuelle Emotion zumindest ab. Wer sich bspw. größer macht oder die Schulter zurücknimmt, wird sich auch anders fühlen. Ziel ist, dass die Klient*innen durch eine andere Körperhaltung lernen, ihr Handeln und insbesondere ihre Emotionen zu beeinflussen, in dem sie z.B.

ihre Schultern zurücknehmen, den Blick heben und ein leichtes Lächeln aufsetzen.

Negative Gedanken beeinflussen ebenfalls die Emotionsregulierung, daher kann auch hier in der Beratung angesetzt werden. Wer sich z. B. an Angst auslösende Situationen erinnert, wird Angst empfinden und stabilisiert so auch seine Angst. Eine Veränderung der Gedanken kann an vielen Bereichen ansetzen, so auch an den häufigen Introjektionen, wie z. B.: sei perfekt, mach es allen recht, beeile dich, sei immer nett usw. In der Regel stehen die Introjektionen in einem Zusammenhang mit biografischen Erfahrungen oder auch Mangelerfahrungen. Einseitige Hilfsbereitschaft könnte beispielsweise entstanden sein, dass man als Kind erlebt hat, nur dann liebenswert gewesen zu sein, wenn man für andere da war. Die Entstehung dieser dysfunktionalen kognitiven Schemata und ihre heutige Bedeutung können im Gespräch überprüft und mittelfristig revidiert werden.

Auch durch eine Veränderung des eigenen Verhaltens und etwaiger äußerer Stressoren lassen sich Emotionen regulieren. Ausgangspunkt ist hier die Hypothese, dass Emotionen und Stresserleben das Verhalten von Personen beeinflussen. Evolutionär vorprogrammierte Handlungsimpulse, die durch aktuelle Emotionen aktiviert werden, stoßen Handlungen an (Eckert, Tarnowski 2017). Wenn ich z.B. gereizt und gehetzt Fragen stelle oder Antworten gebe, und mich schnell bewege, wirkt dies auf andere Personen. So kann Ärger einem Angriff nahelegen; Angst zur Flucht, Vermeidung oder Erstarrung führen oder Trauer einen Rückzug bedeuten. Es gibt zudem individuelle Handlungsimpulse, die in emotionalen Situationen ausgelöst werden, die zugleich mehr oder weniger funktionale Bewältigungsversuche sind (z. B. Zwangshandlungen, Alkohol trinken). Nur bedingt veränderbar sind die Umweltfaktoren, wie die Auswahl der Arbeitskolleg*innen oder die Kommunikation der Familienmitglieder.

Insgesamt sind das Erkunden und Nutzen hilfreicher innerer und äußerer Ressourcen zu empfehlen. Hilfreich sind verschiedene Techniken zur Stabilisierung und zur Thematisierung von Emotionen, die im Folgenden summarisch aufgeführt werden (ausführlicher siehe Beushausen, Schäfer 2021):

- Im Alltag sind oftmals Sport, Bewegung, Fernsehen, Musik hören oder spielen hilfreich.
- Mithilfe einer Intensitätsskala (bspw. von 1 bis 10 oder Prozentzahlen) können unterschiedliche Ausprägungen belastender Emotionen in unterschiedlichen Situationen bewertet werden. Sowohl die Klient*innen als die Berater*innen können lernen, wie die Emotionen von den Klient*innen wahrgenommen werden. Verlaufskurven können erstellt werden. Vereinbarungen sind möglich, z. B.: Bis zu einer Stärke von 60% sind die Emotionen bewusst wahrzunehmen und auszuhalten. Steigt die Emotion, sollte die Klient*innen sich hiermit zunächst weiter beschäftigen und versuchen diese zu senken.
- Bei der äußeren Wahrnehmungslenkung lenken sich die Klient*innen durch eine neue Tätigkeit ab. Bei der inneren Wahrnehmungslenkung wird die Aufmerksamkeit bewusst und zielgerichtet auf etwas Unbelastetes gerichtet. Dies können z.B. Reize aus der Umgebung sein (Blumen, Bilder etc.), innere Bilder (z.B. Strandspaziergänge) oder das Richten der Gedanken auf vergangene möglichst positive Ereignisse.
- Körperorientierte Regulationstechniken, beispielsweise Entspannungsverfahren, Atemtechniken, Yoga, Klopftechniken, langsamer atmen, toben, tanzen.
- Selbstinstruktionen können eine Verzögerung beinhalten („Ich atme dreimal tief in den Bauch"), auf Körperreaktionen einwirken („Ich spreche mit leiser tiefer Stimme". „Ich entspanne meine Schultern") und einen positiven selbstwertverstärkenden Satz beinhalten („Ich kann ..."),
- Mithilfe von Smileys oder Fotos mit Gesichtern Gefühle benennen üben. Gefühlskarten, Stimmungsbarometer können zur Thematisierung von Emotionen genutzt werden.
- Auf einer Liste (positiv, negativ kurzfristig, langfristig) kann eine Kosten-Nutzenanalyse über das Ausleben oder Nicht-Ausleben bestimmter Emotionen aufgestellt werden.
- Eine Liste erstellen mit drei Spalten:
  - Gefühls-, Situationsbeschreibung (z.B. Angst, wenn jemand hinter mir in einer belebten Straße hergeht)
  - nicht nützliche Reaktion aufschreiben (z.B. weglaufen)
  - nützliche Reaktion aufschreiben (z.B. seitlich stehen bleiben)

- Alltagsskills (siehe Scherwath, Friedrichs 2012) ausüben, wie alle Schuhe putzen, sich umziehen, den ganzen Körper einölen, Geschirr abwaschen, bügeln, sehr viel Wasser trinken oder andere Tätigkeiten, die dazu beitragen, Affekte zu regulieren.
- Zur „Geräuschverminderung“ können sich die Klient*innen Bilder von Kopfhörern, Ohrstöpseln, Lautstärkereglern oder Helmen imaginieren, um ungewollte Geräusche zu verhindern oder zu reduzieren. Genutzt werden können auch Bilder eines Dimmers, eines Thermostats, eines Reglers oder Gaspedals.
- Unerwünschte innere Bilder können (vgl. Hanswille, Kissenbeck 2008) imaginativ übermalt und zerschnitten werden. Man kann sie zerspringen lassen oder aktiv in gute Bilder verwandeln.
- Den Gefühlen und der Angst, körperlich verletzt oder körperlich bedroht zu werden, können die Bilder eines Schutzmantels, eines Schutzschildes, einer „dicken Haut“, einer Rüstung, einer Plexiglaswand gegenübergestellt werden.
- Verschiedene Medien können zur Förderung der Emotionsregulation einbezogen werden. Dies sind bspw. Malen, Computerspiele, vorgelesene Geschichten oder Musikstücke. Genutzt werden diese Medien auch, um zur Ruhe zu kommen (z.B.: „Welches Musikstück hilft Dir, dich wieder zu beruhigen?“).
- Würdigen, was heute gut war und dies in einem Tagebuch notieren. Reflektiert werden könnte u. a., was am Tagesablauf oder welcher Kontakt angenehm war.

Für die Arbeit mit emotionsregulierenden Techniken benötigen die Helfer*innen eigene emotionsregulative Kompetenzen. So sollten sie in kritischen Situationen ruhig und gelassen bleiben können, um Personen zu beruhigen. Sie sollten sich ihrer eigenen Stärken und Schwächen bewusst sein, Übertragungsphänomene erkennen und die eigenen Emotionen und die Handlungsstrategien reflektieren und einordnen können. Durch Prävention können Handlungsfähigkeiten erlangt und automatisiert werden, um in belastenden Situationen nicht hilflos, sondern handlungsfähig zu bleiben.

7 Traumatisierung: Ein Beispiel im Kontext der stationären Kinderhilfe

Mindestens 184.000 Kinder und Jugendlichen sind in Deutschland in Heimen, Wohngemeinschaften und anderen stationären Einrichtungen[56] untergebracht, davon sind viele Kinder als traumatisiert zu bezeichnen. Allein schon aufgrund der großen Zahl von betroffenen Kindern und Jugendlichen ist dieses Thema daher auch für dieses Buch von Bedeutung. In diesem Kapitel wird daher eine längere Fallbeschreibung über einen traumatisierten Jungen vorgestellt, der stationär in einem Kinderhaus lebt.[57] Gleichzeitig soll mit diesen Bericht einerseits eine typische Traumatisierung und deren Folgen bei einem Kind beschrieben werden und andererseits so verdeutlicht werden, dass in vielen Fällen außerfamiliäre Hilfen notwendig sind, die eine enge und fachlich komplexe Zusammenarbeit zwischen den Familien und den Fachkräften erfordern. Allerdungs erhalten die in den Heimen lebenden Kinder und Jugendliche nur teilweise die notwendige traumasensible Unterstützung. Dies liegt besonders daran, dass nicht genügend Plätze in stationären Einrichtungen für traumatisierte Kinder und Jugendliche mit einem entsprechend ausgebildeten Personal vorhanden sind.

Zu Beginn werden die Basisdaten, die Anamnese und weitere Angaben über z.B. das Familienklima und diagnostische Befunde des zwölfjährigen Jungen, der hier Nico genannt wird, aufgeführt. Im Weiteren werden die individuellen Belastungen und Ressourcen des Jungen und seiner Familie aus der Sicht Bezugsbetreuerin (Frau Raffaela Dikmann) betrachtet, um dann konkrete Handlungsempfehlungen für einen Hilfeplan zu erörtern.

56 Eine Statistik aus dem Jahr 2016 der freien Wohlfahrtspflege gibt für die Kinder- und Jugendhilfe 184 214 Plätze in 5041 in Heimen, Wohngemeinschaften und anderen stationären Einrichtungen an (Bundesgemeinschaft der freien Wohlfahrtspflege 2023).

57 Die hier anonymisierte Fallbeschreibung stellte die Sozialpädagogin und Traumafachkraft Raffaela Dikmann zur Verfügung. Herzlichen Dank!

Der zwölfjährige Nico lebt seit fünf Jahren im Kinderhaus[58]. Der Vater berichtet bei der Aufnahme, Nicos Schwangerschaft und Geburt seien „normal" verlaufen. Allerdings ist im Mutterpass nachzulesen, dass die Geburt in der SSW 39 spontan begann, jedoch in einer Sectio (Kaiserschnitt) endete. Als Befundrisiko wird ein Abusus (Konsum von Zigaretten, Drogen oder Alkohol in der Schwangerschaft) dokumentiert. Der Vater erzählt, dass Nico nach der Geburt noch ein bis anderthalb Wochen auf der Intensivstation zur Entgiftung lag. Weiterhin sind bereits seit der frühen Kindheit Einschränkungen des Gesichtsfeldes und der Sehkraft bekannt, die mit einer ständigen Sehhilfe und dem Abkleben des stärkeren Auges therapiert werden.

Nico ist das dritte Kind von Marleen und Patrick. Er hat zwei ältere Schwestern. Hinzu kommt ein weiterer Geschwisterteil seitens der Mutter, zu dem es keinerlei Angaben gibt.

Die Eltern leben zunächst zusammen, 2011 folgt dann die Trennung und später die Scheidung. Zwei Jahre später heiratet der Kindesvater erneut. Nach der Scheidung der Eltern erlebt Nico wiederholt Beziehungsabbrüche. Mehrfach wechselt der Lebensort bei der leiblichen Mutter und dem neuen Haushalt des Vaters, mit den drei „neuen Geschwistern" und der Stiefmutter. Nico besucht mit drei Jahren den Regelkindergarten. Dort fällt er schnell durch aggressives und impulsives Verhalten auf. Daraufhin wird er an einem integrativen Kindergarten mit Sprachförderzweig angebunden. Zudem zeigt er Auffälligkeiten in der Fein- und Grobmotorik. Aufgrund der Auffälligkeiten wird er ein Jahr für den Schulbesuch zurückgestellt. Die Grundschule wird einmal gewechselt. In der 2. Klasse bekommt er eine Schulbegleitung zur Unterstützung und besucht anschließend die Hauptschule. Er wird zunächst in eine stationäre Wohngruppe und anschließend in das Kinderhaus aufgenommen.

Der Vater wurde 1980 geboren und ist gelernter Metallbauer, arbeitet jedoch als Busfahrer. Ebenso wie die leibliche Mutter hat

58 Beim Kinderhaus handelt es sich ist eine spezialisierte vollstationäre Wohngruppe der Kinder- und Jugendhilfe gem. §§ 27, 34, 35a SGB VIII. Aufgenommen werden traumatisierten Kinder im Alter von zwei bis 12 Jahren. Alle pädagogischen Mitarbeitenden absolvierten eine Weiterbildung zur „Traumazentrierten Fachberater*in/ Traumapädagog*innen".

der Vater ein Drogen- und Alkoholproblem, er absolvierte eine stationäre Entwöhnungsbehandlung. Seither sei er nach eigenen Angaben „clean". Gemeinsam mit seiner zweiten Ehefrau bewohnt er mit seiner Familie eine Doppelhaushälfte.

Die leibliche Mutter (geboren 1979), erlangte einen Hauptschulabschluss, erwarb keine Berufsausbildung und gehe, so der Vater, keiner Arbeit nach. Zu seiner Mutter hat Nico kaum Kontakt. Termine zu Hilfeplangesprächen werden seitens der Mutter in der Regel kurzfristig abgesagt. Telefonischer Kontakt mit Nico und dem Kinderhaus findet äußerst selten statt.

Nico besucht aktuell die 5. Klasse einer Hauptschule, wo ihm eine Schulbegleiterin zur Seite steht. Den Schulweg bestreitet er nach dem Schulwechsel an die weiterführende Schule selbstständig mit den öffentlichen Verkehrsmitteln. Seit dem Sommer besucht er regelmäßig das Fußballtraining. Regelmäßig nimmt er an einer Ergotherapie teil.

Häufiger werden Besuche beim Vater und der Stiefmutter frühzeitig abgebrochen, da es zu „Reibereien zwischen den Geschwistern" kam. Nico wird in der Regel als „Schuldig" benannt. An Feierlichkeiten oder anderen Aktivitäten darf Nico nicht teilnehmen, weil er „zu anstrengend" sei. In vielen Situation sucht er stets die Nähe zu Erwachsenen, indem er im vorauseilenden Gehorsam sehr hilfsbereit ist und sich überangepasst zeigt, um positive Resonanz von Erwachsenen zu bekommen. Gegenüber anderen Kindern verhält sich häufig aggressiv und versucht diese „abzuschrecken". Interpretiert wird dieses Verhalten damit, dass er die Aufmerksamkeit des Erwachsenen nicht teilen will.

Nico berichtet selten über negative Ereignisse, kommt es doch einmal dazu, beschreibt er die Situation eher emotionslos. Gelegentlich reagiert er sehr gereizt, impulsiv oder weint. Dann ist es ihm in der Regel jedoch nicht möglich das Gefühlte zu benennen. Es scheint, als hätte er keinerlei Bezug zu seinen eigenen Gefühlen, bzw. als habe er nie gelernt sie zuzuordnen. Auch „seelische Schmerzen" versucht er sich logisch zu erklären, getreu dem Motto „es tut weh – also muss ich mich verletzt haben". Nico ist stets auf der Suche nach Sicherheit. In Kinderhaus fühlt er sich wohl, er benennt die Wohngruppe als sein Zuhause.

Folgende Ressourcen lassen sich benennen: Nico ist ein begeisterungsfähiger Junge, besonders wenn eine Aktivität mit einem Erwachsenen in Aussicht steht (z.B. gemeinsames Kochen). Dann präsentiert er stolz sein Werk. Außerdem zeigt er ein hohes handwerkliches Geschick. Es macht ihm Freude etwas zu bauen und mit Unterstützung auch an zeitintensiveren Projekten zu arbeiten. Nico begeistert sich ausdauernd für seine Leidenschaft Pokémon. Er hat sich einen Ordner angelegt, indem er mit hoher Akribie seine Karten sammelt und ordnet. Zudem hat er sich über einen langen Zeitraum einen Hefter mit Ausmalbildern angelegt, in dem er regelmäßig malt. Außerdem ist er ein guter Schachspieler. Gerne fordert er die Mitarbeitenden zu einer Partie Schach heraus und verlässt diese häufig als Sieger. In der Ergotherapie wurde deutlich, dass er ein hohes Maß an logischem Verständnis aufweist. Zu Beginn zeigte sich Nico wenig überzeugt von seiner Selbstwirksamkeit. Im Laufe der Unterbringung in der Wohngruppe kristallisierten sich jedoch besondere Talente heraus (bspw. Schach, Fußball, Kartoffeln schälen), die er auch mittlerweile als solche annehmen und benennen kann und darauf stolz ist. Das Interesse an Fußball teilt er mit seinem Vater. Diese Ressource wird vom Vater auch als Anknüpfpunkt wahrgenommen und genutzt.

An dieser Stelle sollen erste Bewertungen vorgenommen werden: Es ist davon auszugehen, dass Nico durch seine Bezugspersonen kaum Fürsorge erlebte. Die vielen Wohnortwechsel und das ständige „Hin-und-Her-Gereiche“ des Kindes bedeuteten immer wieder Bindungs- und Beziehungsabbrüche, sodass darauf geschlossen werden kann, dass Nico die notwendigen stabilen Bindungen, besonders in den vulnerablen ersten drei Lebensjahren, verwehrt blieben. Der pränatale Drogen- und massive Nikotinkonsum der Eltern können als Misshandlung gewertet werden. Weiterhin fand bereits früh eine emotionale Verwahrlosung statt, da aufgrund der Drogenproblematik innerhalb der Familie beide Elternteile emotional nicht greifbar zu sein schienen. Innerhalb der Familie erhält er auch noch aktuell stets die Rolle des Sündenbocks. Des Weiteren sind die häufigen Umzüge, die Trennung/ Scheidung der Eltern, die neue Heirat des Vaters, sowie die chronische Disharmonie als Risikofaktoren zu werten.

Nico kann in seiner Familie als das „ungesehene Kind“ beschrieben werden. Zunächst bestand wahrscheinliche eine Überforderung der leiblichen Eltern. Zudem kam der Drogenkonsum beider Eltern hinzu, was die emotionale Fürsorge der Kinder beeinträchtigte.

Allerdings besteht eine grundlegende positive Beziehung zwischen Nico und seinem Vater. Dieser liebt seinen Sohn und möchte nur das Beste für ihn. Es lässt sich jedoch beobachten, dass er sich in einem Loyalitätskonflikt zwischen seinem Sohn und seiner jetzigen Ehefrau befindet. Sind Vater und Sohn allein, ist ein liebevoller Umgang zu erkennen. Seine Stiefmutter spielt im Leben von Nico durch die Beurlaubungen ebenfalls eine präsente physische Rolle. Auf emotionaler Ebene findet sie jedoch kaum statt.

Im Gruppengeschehen ist zu beobachten, dass Nico oft der „Meinungslose“ ist, der zunächst eine abwartende Haltung einnimmt, um sich zu vergewissern welche Meinung sein Umfeld hat, bevor er zustimmt.

Als Bewältigungsstrategie um die Aufmerksamkeit der Erwachsenen in seinem Umfeld auf sich zu lenken bzw. „sichtbar“ zu werden lassen sich auch Situationen verstehen, in denen er andere Kinder ärgert oder so manipuliert, dass er als Opfer aus der Situation gehen kann und daraufhin die Erwartung hat, Trost und Unterstützung zu bekommen. Zum anderen versucht er den erwarteten Anforderungen der Bezugspersonen gerecht zu werden, indem er die Rolle des „großen Bruder“ einnimmt und kleinere Kinder unterstützt oder, besonders zu Beginn der Unterbringung, einen vorauseilenden Gehorsam zeigt. Diese Art von Gefügigkeit kann nach Weiß (2021: 67) als Überlebensstrategie verstanden werden. Das Loben für das „Liebsein“ und für diese große Anpassungsleistung haben jedoch negative Auswirkungen auf das eigene Selbstbild (Weiß 2021: 67) Außerdem zeigt er eine extreme Akribie im Umgang mit seinem persönlichen Eigentum. So muss bspw. sein Zimmer immer von außen abgeschlossen werden, wenn er nicht im Zimmer spielt. Des Weiteren weist er Anzeichen von Verdrängen bis hin zu Dissoziationen auf, welche im Besonderen nach einem Konflikt zu beobachten sind. Er scheint dann wie „weggetreten“ zu sein und kann sich nach Auflösung des Konfliktes häufig an nichts mehr erinnern.

In den Beziehungen zu Gleichaltrigen verhält sich Nico zunächst freundlich und geht auf andere zu. Bei Gleichaltrigen eckt er jedoch meistens schnell an. In seiner Fußballmannschaft ist er ein sehr guter Spieler, er hat jedoch keinerlei Beziehungen zu

Mannschaftskameraden aufbauen können. Es gelingt ihm eher zu jüngeren Kindern Kontakt aufzunehmen und diesen über einen kurzen Zeitraum zu halten.

Insgesamt sind so seine emotionalen Kompetenzen bzw. die Mentalisierungskompetenzen wenig ausgeprägt. Nico fällt es auffallend schwer, seine eigenen Gefühle und Empfindungen wahrzunehmen, zuzuordnen oder zu verbalisieren. Daraus folgend besitzt er auch wenig bis keine empathischen Grundzüge. Zu beobachten ist auch die Ambivalenz in seinem Verhalten zu anderen Kindern. Jüngere Kinder versorgt er gerne und fürsorglich, stellt jedoch immer sicher, dass er damit im Fokus eines Erwachsenen ist, in der Rolle des großen Bruders scheint er sich wohlzufühlen. Bei Gleichaltrigen oder älteren Kindern nimmt er oft die „Opferrolle“ ein und fordert diese regelrecht ein, indem er andere Kinder provoziert und sicherstellt, dass eventuelle Konsequenzen auf seine Provokation gesehen und geahndet werden. Nico verfügt zudem über mangelnde Fähigkeiten, seinen Körper wahrzunehmen, welches sich darin äußert, dass es ihm sichtlich schwerfällt körperliche Schmerzen zu orten. Alltägliche Aufgaben (kleinere häusliche Tätigkeiten, Körperhygiene, Kommunikation mit anderen) stellen für ihn keinerlei Herausforderung dar.

Wird er jedoch „angetriggert“, kann es zu Situationen kommen, in denen er z.B. beim Tischdecken vergisst, wo die Teller stehen, bis hin zur massiven traumatischen Reaktionen, in denen er schreiend wegläuft, gegen sich oder andere aggressives Verhalten an den Tag legt oder ggf. auch sich weinend auf den Boden legt. Ausgelöst werden diese Trigger in z.B. folgenden Situationen:

- Wenn er gemeinsam mit einer Mitarbeiterin den Tisch deckt, hat es zu Beginn der Betreuung schon gereicht, wenn das Telefon geklingelt hat und die Betreuerin die gemeinsame Tischdeck-Situation verlassen hat, um ein Telefonat anzunehmen,
- wenn ein anderes Kind von der Schule kommt und „unser“ Tischdecken stört, in dem es in den Arm genommen werden will und Hallo sagt,
- oder wenn beim Malen oder gemeinsamen Aktivitäten ein Mitarbeitender zur Toilette musste.

Zum Teil war dieses Verhalten auch mitarbeiterabhängig; war ein klarer transparenter Mitarbeiter im Dienst, zu dem eine gute und stabile Beziehung bestand, gelang es Nico wesentlich besser solche Momente auszuhalten. Mit zunehmender Sicherheit konnte er mit solchen Situationen besser umgehen und es kam nicht mehr ständig zu „Ausbrüchen“.

Eine seiner Stärken ist es, dass er Aufgaben oder Beschäftigungen, die von einer intrinsischen Motivation geleitet sind, ausdauernd und mit Hingabe ausüben kann. Liegen ihm Aufgaben, kann er auch hier daran arbeiten, benötigt jedoch gelegentliche Anstöße um weiterzumachen. Ausdauer und Motivation gegenüber ihm unbekannten oder unangenehmen Herausforderungen bedürfen ein hohes Maß an Unterstützung eines Erwachsenen, um seine Frustrationstoleranz nicht zu überschreiten.

Insgesamt zeigt sich, dass Nico deutlich von wenigen, aber klaren, transparenten und verlässlichen Regeln profitiert. Durch sie erfährt er Sicherheit und Halt, um sich im Alltag zurechtzufinden. Er zeigt Anzeichen eines unsicher-ambivalenten Bindungsstils. In unbekannten Situationen wirkt er stets unruhig und nervös und sucht besonders stark die Nähe zu einer Bezugsperson. Dabei scheint er kaum Vertrauen in die Verbindlichkeiten von Bezugspersonen zu haben. Dies kann sich auf die vielen Bindungsabbrüche in jüngster Kindheit zurückführen lassen

In der Wohngruppe wird deutlich, dass sich Nico bei sehr klaren und strukturierten Mitarbeitenden wesentlich besser reguliert. Es fällt ihm leichter, seine Anliegen deutlich zu kommunizieren und er zeigt weniger häufig „Ausraster“, als bei einem unsicheren Gegenüber. In der Schule zeigen sich seine Probleme oftmals massiver. Leider fällt es manchen Pädagogen in der Schule schwer, sich auf diese Situationen einzustellen.[59]

Es kann zusammengefasst werden: Aufgrund der frühkindlichen Erfahrungen kann davon ausgegangen werden, dass massive

59 An diesem Beispiel wird deutlich, dass es vielen pädagogischen Fachkräften und Lehrer*innen in Kitas und Schulen nicht gelingt sich auf diese besonderen Herausforderungen adäquat zu reagieren. Kooperationen zwischen dem Mitarbeitenden in den stationären Einrichtungen und den Schulen und Kitas sind häufig schwierig. Eine traumasensible Haltung, die Selbstkritik und Selbstreflexion beinhalteten, werden in den Schulen und Kitas häufig nicht eingenommen.

Störungen in der Ich-Entwicklung stattgefunden haben, die ihn noch heute beeinträchtigen.

Diagnostisch werden die „Störungen“ von Nico (nach ICD-10 aus einem Bericht der KJP) wie folgt klassifiziert:

1. F94.1 Reaktive Bindungsstörung des Kindesalters,
2. ADHS F90.0
3. Verdacht auf fetale Alkoholembyopathie[60]
4. F80.2 Rezeptive Sprachstörung
5. Leichte Intelligenzminderung
6. Strabismus[61]
7. Institutionelle Erziehung, katastrophale familiäre Belastungen
8. Psychosoziales Funktionsniveau deutlich und übermäßig herabgesetzt.

Folgende Symptome stützen die Diagnose einer Posttraumatischen Belastungsstörung (PTBS):

- Verfallen in regressives Verhalten,
- nach einem Trigger erfolgt ein Erstarren oder Wüten,
- dauerhafte dysfunktionale negative Selbstüberzeugungen,
- fühlt sich von anderen abgetrennt,
- Konzentrationsprobleme,
- starkes Kontrollbedürfnis seines Eigentums,
- Gedanken und Gefühle erlebter Missbräuche werden von Nico vermutlich verdrängt.

Als mögliche Gegenreaktionen bzw. gegen Übertragungen zeigen sich bei den Mitarbeitenden Gefühle von…

- Empathie und Mitgefühl aber auch Gleichgültigkeit,
- Ratlosigkeit und Unsicherheit,
- Trauer/Wut,

60 Als Alkoholembryopathie oder fetale Alkoholspektrumstörungen, kurz FASD, wird eine Gruppe irreversibler physischer und psychischer Geburtsdefekte bezeichnet, die bei Kindern auftreten können, deren Mütter während der Schwangerschaft Alkohol konsumiert haben.

61 Strabismus bezeichnet ein Schielen, bei dem die beiden Sehachsen voneinander abweichen, sobald ein Objekt fokussiert wird. Dies kann bei Kindern die Hirnreifung maßgeblich beeinflussen und die Sehfähigkeit lebenslang stark einschränken.

- „genervt sein“ oder auch „weglaufen wollen“,
- sich schuldig fühlen, wenn man die Täterrolle ein- und dies dann wahrnimmt.

Im Folgenden sollen Hilfsangebote für die verschiedenen Lebensbereiche, die im Rahmen der Fremdunterbringung gem. §34 SGB VIII zu leisten sind, benannt werden[62]:

- Die Arbeit im Wohngruppenalltag sollte auf Grundlagen traumapädagogischer Haltungen basieren. Darunter fällt: wertschätzender Umgang, Empathie, Geborgenheit, die Annahme des guten Grundes, Partizipation, Transparenz und Verbindlichkeit, Humor und ein liebevoller Umgang, sowie ein kontrollierter Wechsel zwischen Nähe und Distanz,
- Förderung des Selbstverstehens, der Selbstwirksamkeit, der Selbstregulation, des Selbstvertrauens,
- immer wieder transparente, konstante, eindeutige Bindungsangebote seitens der Mitarbeitenden ermöglichen ihm korrigierende Bindungserfahrungen zu machen,
- einen Sicheren Ort geben „bei uns kannst du sein wie du bist, wir schicken dich nicht weg“,
- Aushalten von Konfliktsituationen, damit Nico das Gefühl von „wir haben dich trotzdem lieb“ hat,
- Unterstützung bei der Ausübung seines Hobbys Fußball,
- weiterhin Anbindung an die interne Ergotherapie, ggf. mit Ausweitung auf gemeinsame Therapiesitzungen mit einem Mitbewohner im gleichen Alter, zu dem er mittlerweile eine Beziehung aufzubauen scheint.

Zudem stellt die verbindliche Arbeit mit der Herkunftsfamilie aus psychoanalytischer, sowie systemtheoretischer Perspektive einen zentralen Punkt dar, um eine positive Entwicklung zu ermöglichen. Die Elternarbeit fokussiert sich in seinem Fall, auf die Arbeit mit dem Vater. In Gesprächen wurde herausgearbeitet, dass wir für den Jungen die gleichen Wünsche haben: „Wir wollen alle, dass es ihm gut geht!“. Um den erreichten Status quo noch zu verbessern, oder zumindest aufrechterhalten zu können, sind re-

62 Auf weitere Hilfestellungen wie gesundheitliche, sowie die psychiatrische Anbindung wird hier nicht eingegangen.

gelmäßige Bilanzgespräche wichtig, um im Austausch zu bleiben und die vertrauensvolle Basis auszubauen. Nico äußerte den Wunsch, weiterhin persönlichen Kontakt zu seinem Vater zu haben. Um die ständigen Absagen und damit einhergehenden Enttäuschungen und ggf. Retraumatisierungen zu minimieren, sollten diese Besuche qualitativ gestaltet werden. Wir einigten uns auf einen Sonntag im Monat, an sich der Vater verbindlich Zeit für seinen Sohn nimmt.

Des Weiteren war im Umgang mit Nico wichtig, eine zuverlässige Instanz darzustellen und beispielsweise Absprachen einzuhalten. Dies erforderte eine enorme Lösungsorientiertheit, denn es galt die Tagesstruktur unter Berücksichtigung der personellen Ressourcen so umzuplanen, dass die Absprachen mit Nico davon wenig tangiert wurden. Wichtig war auch, dass er trotz aller Bindungsangebote akzeptiert, dass die Bezugsbetreuerin in der Wohngruppe arbeitet und auch ein Leben außerhalb davon hat.

Als wichtiges Ritual in den Nachtdiensten hat sich auch das „Ins-Bett-Bringen“ manifestiert. Er ist freiwillig früher ins Bett gegangen, damit die Betreuerin etwas mehr Zeit für ihn hatte. Dann wurde gemeinsam der Tag besprochen. Ein Fokus lag darauf, die Geschehnisse des Tages stets mit den erlebten Gefühlen zu verknüpfen. Während der Reflexion werden seine Pokémonkarten sortiert, auf die er sehr stolz ist und die er wie einen Schatz hütet. Diese Sortierung am Tagesende und die Einordnung des Tagesgeschehen beinhalten ein gemeinsames Ritual.

Abschließend soll noch auf die Auswirkungen des Verhaltens von Nico auf die Mitarbeitenden, bzw. Bezugsbetreuerin eingegangen werden: Für die Bezugsbetreuerin stellte das „extreme klammernde“ Verhalten eine Herausforderung dar. Sie spürte Gegenübertragungen wie „genervt sein“ oder den Wunsch von „lass mich doch bitte in Ruhe!“ Ihr war bewusst, dass diese Reaktionen auch in seiner Herkunftsfamilie vorherrschten und dass sein Verhalten darauf abzielte, gesehen und wahrgenommen zu werden. Für das Team und die Bezugsbetreuerin hieß es einen Weg zu finden, dass er nicht in ständiger Angst und „Hab-Acht-Stellung“ verharren muss. Hier war es wichtig, sich im Dienst gut abzusprechen und Situationen zu reflektieren. Geholfen hat in Konflikten die „Annahme des guten Grundes“, dass er dieses Verhalten nicht zeigt, um die Mitarbeitenden herauszufordern oder persönlich anzugreifen, sondern dass ein Grund darin liegt, im „großen Ganzen“ zu überleben und nicht übersehen zu werden. Selbstkritisch war zu reflektieren, dass das Verhalten des vorrauseilenden Gehorsams, das Nico besonders zu Beginn an den Tag legte, im pädagogischen Alltag als „angenehm“ positiv wahrgenommen wurde und leider zunächst gefördert wurde. Die Auseinandersetzung mit dem guten Grund dahinter, löste in der Bezugsbetreuerin Erschrecken und ein schlechtes Gewissen aus.

Das hier vorgestellte Beispiel von Nico ist ein typischer Fall einer Vernachlässigung und von Misshandlung. Der Fallbericht weist auf die Wichtigkeit von frühen Bindungen hin. Außerdem zeigt dieses Beispiel auf, wie eine „typische“ Jugendhilfekarriere beginnen kann, da leider oftmals ein häufiger Wechsel von Aufenthalten bei den Eltern, in Pflegefamilien und/oder in verschiedenen Kinder- und Jugendhilfeeinrichtung erfolgt.

Zudem wird deutlich, dass möglichst viele Mitarbeiter*innen in der Jugendhilfe ausreichende Kenntnisse im Umgang mit traumatisierten Kindern und Jugendlichen erwerben sollten.

8 Anmerkungen zur „Opferproblematik“ und der gesellschaftlichen Verantwortung

Wie bereits erwähnt ist eine individualisierte Sicht auf Traumata zu konstatieren, während die gesellschaftliche Bedeutung eines Traumas wird meist nur am Rande problematisiert wird.[63] Dabei spielt diese für die Verarbeitung eines Traumas eine bedeutsame Rolle.[64] Traumata beschädigen nicht nur den Einzelnen, sondern auch die gesellschaftliche Teilhabe und die Handlungsfähigkeit der Überlebenden/Opfer.

Wenn Reddemann (2007) die Frage beantwortet: „Was heißt Heilung?“ so weist sie darauf hin, dass Heilung bei Menschen mit Traumaerfahrungen nicht die Wiederherstellung eines Zustandes vor dem Trauma sein kann. Wir können jedoch eine Heilung mit Narben unterstützen, die nicht mehr Schmerzen machen. Wir können helfen, dass traumatische Erfahrungen nicht mehr quälen, dass die Emotionen nicht mehr überwältigen und sich der traumatische Stress zurückbildet. Solch eine „Heilung“ erfordert in der Regel eine Gemeinschaftsleistung und weist damit auf die Bedeutung des gesellschaftlichen Kontextes hin, denn Menschen sind immer in einem gesellschaftlichen Kontext traumatisiert.

63 Insbesondere die Soziale Arbeit und die Sozialpädagogik sind, so Schwerwath und Friedrich (2012), mit ihrer historisch-kritischen Haltung gegenüber Schubladendenken und Diagnostik als Herrschaftsinstrument gefordert, sich kritisch mit diesen Aspekten auseinanderzusetzen.

64 Somit ist diese auch mittelfristig für die Prävention bedeutsam. Aufgrund des hohen Chronifizierungsrisikos von Traumatisierungen, welches auch aus der gesellschaftlichen Tabuisierung der Thematik resultiert, sind präventive Maßnahmen besonders relevant (vgl. Beckrath-Wilking et al. 2013, Schwerwath, Friedrich 2012; Korittko 2011; Rießinger 2015).

Nach Wolfisberg (2009) beinhaltet das Überwinden des Traumas drei Aspekte:

1. sich zu überwinden im eigenen Festhalten am Traumaereignis, mit dem die Zeit eingefroren und das Leben überschattet wird,
2. das Trauma und seine Nachwirkungen überwinden und
3. traumatisierende Realitäten durch Einschreiten gegen Unrecht zu überwinden.

Diese Problematik beinhaltet die Notwendigkeit, dass sich die Betroffenen und die Angehörigen mit der Frage beschäftigen, inwieweit ihre Identität durch das Trauma bestimmt wird und inwieweit sie hierauf Einfluss nehmen können und wollen. Verdeutlichen lässt sich dies bei der im Weiteren thematisierten Frage, ob sie sich als Überlebende oder als Opfer erleben.

Mit der Selbstanerkennung oder der Anerkennung anderer als Opfer sind Rechte und Erwartungen verbunden. Hierzu gehört die dem Opfer zugeschriebene Verantwortung für die Bewältigung des Geschehens mit einer erwarteten Wiederherstellung der Funktionsfähigkeit. Wenn Menschen als traumatisiert wahrgenommen und „diagnostiziert" werden, haben sie Anspruch auf Hilfe, gleichzeitig besteht die Gefahr einer Stigmatisierung und Diskriminierung, die die Betroffenen in ihrer Entwicklung beeinträchtigen können (vgl. Zimmermann 2015: 33). Im Kontext des medizinischen Systems muss jeweils eine Krankheit diagnostiziert werden um einen Hilfeanspruch zu haben, in Bezug auf Kinder und Jugendliche muss hingegen um Hilfe nach dem KJHG zu bekommen, ein von der Norm abweichendes negativ bewertetes Verhalten diagnostiziert werden. Die Begründungen einer pädagogischen Unterstützung heißen, so Reinshagen (2016), Aggression, Selbstverletzung, Schulverweigerung, sexualisiertes Verhalten oder anderes. Dies ist kritisch mit dem Blick auf die Wirkung von gesellschaftlicher Marginalisierung und Ressentiments in Bezug auf die Traumabewältigung zu sehen (vgl. Tagay u.a. 2016; Brandmaier u. Ottomeyer 2016). Bereits mit dem Stigma „psychisch krank" gehen im Alltag oftmals Abwertungen einher. Bspw. zeigen Personen im sozialen Umfeld zurückhaltendes Verhalten oder die Betroffenen werden sozial herabgewürdigt (Zäske et al. 2005). Zudem besteht die Gefahr der Pathologisierung und der Individualisierung von gesellschaftlichen Problemen (BAfF e.V. 2017). Oftmals liegt der Großteil der Aufmerksamkeit auf der individuellen Psychopathologie der traumatisierten Personen (Brandmaier, Ottomeyer 2016), die gesellschaftliche Dimension eines Traumas wird so wenig sichtbar.

Die Betroffenen sollten daher jeweils im Einzelfall reflektieren, welche Vor- und Nachteile die Begriffe Opfer oder Überlebende beinhalten, und zwar im Hinblick auf die zeitlichen Dimensionen Vergangenheit, Gegenwart und Zukunft. Diese Begriffe sind nämlich meist sehr ambivalent und es besteht die Gefahr, sich selbst zu „versklaven" (Hafke 1996: 54). Dazu soll die Position dieser Autorin zusammengefasst werden: Hafke sieht die Gefahr, dass der Opferbegriff zu einem individuellen Lebensmodell eines gesellschaftlichen Ordnungsmodells aufgewertet wird. Diese Generalisierung des Opferbegriffs verniedlicht, so die Autorin, den Opferbegriff und macht ihn zu einer sozialarbeiterischen Kategorie. Dies beinhaltet die Gefahr, dass der Opferstatus lediglich zur Entlastung benutzt wird, denn jemand, der für sich den Opferstatus geltend machen kann, ist frei von aller Schuld und erwirbt einen moralischen Gewinn. Opfer haben zudem einen Anspruch auf Sympathie. Der Opferstatus beinhaltet ein Machtspiel um Schuld. Schuldzuweisungen bieten jedoch nur kurzfristige Entlastung (Hafke 1996: 55). Der Opferstatus ist oftmals heiß umkämpft, keiner will mit den damit einhergehenden moralischen Verurteilungen Täter*in sein. Zudem besteht in einer Festschreibung der Opferrolle die Gefahr, fremdbestimmt und damit ein Objekt zu sein. Dies kann zu einer Chronifizierung der Opferrolle führen mit der Gefahr, dass Defiziten mehr Bedeutung zukommt als den Ressourcen. Ziel ist es daher, die eigenen Handlungsmöglichkeiten zu erkennen, um aus der Opferrolle herauszukommen und das Selbstwertgefühl wiederzugewinnen, welches durch das Trauma angegriffen wurde. Die Basis hierfür ist die Anerkennung des Leids und Unterstützung, damit sich das erschütterte Selbst- und Weltverständnis regenerieren kann.

Für Preitler (2018) liegt das Risiko des Opferbegriffs darin, dass Betroffene diese Rolle derart verinnerlichen, dass sie sich selbst nur noch als wenig handlungswirksam erleben. Sie nehmen sich als hilfsbedürftig und abhängig von anderen wahr. Diese Sichtweise kann sich substanziell in das eigene Selbstbild eingraben, sodass eine Loslösung aus dieser passiven, ohnmächtigen

Opferrolle zu einem aktiven, selbstgestaltenden Menschen schwierig ist. Eine Traumabewältigung wird infolgedessen erheblich beeinträchtigt.

Eine vorrangige „Opferidentität“ beinhaltet m.E. zusammenfassend folgende problematische Aspekte:

- Wer sich beständig in seiner Identität als Opfer bestätigt, fühlt den „Vorteil“ der moralischen Überlegenheit, der jedoch manche Kommunikation erschweren kann,
- ist möglicherweise zu oft auf einem sozialen Rückzug und nicht mehr interessiert oder fähig, neue Kontakte aufzubauen und neue Bindungen zuzulassen,
- ist in der Gefahr, Situationen aus einer Opfer-Konstruktion zu bewerten oder sogar zu inszenieren und sich dabei von anderen bestimmen zu lassen, alte Rollenmuster zuzulassen.

Diese Themen stellen sich auch nach einer geglückten Stabilisierung und einer Traumaintegration. Der Alltag ist dann weniger durch die Traumafolgen bestimmt, das Leben soll wiederbeginnen. In dieser Phase des Verarbeitungsprozesses geht es um die Integration des neuen veränderten Selbst- und Lebensgefühls und einer Bilanz jenseits der „Nur-Opfer-Identität“ (Beckrath-Wilking 2013) und um die Annahme und das Betrauern des eigenen Schicksals. Dies schließt die Trauer über die verlorene Zeit, das eigene Schicksal, die vermisste Liebe oder Zuwendung und über nicht gewährte Chancen ein. Hierzu gehört auch sich selbst zu vergeben, wenn man mitgemacht hat.

Zu bilanzieren ist: Im Einzelfall ist in der Beratung jeweils individuell zu überlegen, inwieweit man sich als Opfer oder Überlebende/r erlebt, bzw. wie eine individuelle Position erworben werden kann. Vorrang hat dabei immer die subjektive Bewertung des Einzelnen, die Berater*innen haben zu akzeptieren, dass die Betroffenen bei der Suche nach eigenen Identitäten zu eigenen Lösungen kommen.

Wichtig ist für die Helfer*innen die gesellschaftliche Verantwortung zu thematisieren und die vielfältigen Stärken, Bewältigungsstrategien den Mut und die Lebensfreude von traumatisierten Menschen zu fördern und darauf zu achten, dass die Betroffenen nicht ignoriert, pathologisiert, stigmatisiert oder lächerlich gemacht werden oder in die Opferrolle (zurück)gedrängt werden.

9 Fazit

In diesem Fazit wird zunächst eine Übersicht über die Phasen und Methoden in der Traumaberatung vorgestellt, um zu verdeutlichen, dass zur Unterstützung traumatisierter Personen und ihrer Angehörigen vielfältige biopsychosoziale Angebote notwendig sind. Da Beratung immer in einem gesellschaftlichen Kontext erfolgt, weist die Unterstützung traumatisierter Menschen auch auf die besondere Verantwortung der Gesellschaft hin, die abschließend nochmals kurz fokussiert wird (s. Tabelle 2).

In der ersten Spalte werden wichtige Phasen im Beratungsprozess benannt, in der zweiten hierfür typische Techniken und Interventionen. Die in der rechten Spalte benannten Aspekte beziehen sich auf alle Phasen der Unterstützung (siehe ausführlicher Beushausen, Schäfer 2021 und Karameros, Sack 2022).

Traumata entstehen innerhalb gesellschaftlicher interpersoneller Macht- und Ausschlussprozesse im Kontext institutioneller und interpersoneller Gewalt. Bestimmte Bevölkerungsgruppen, hier sind insbesondere Flüchtlinge und Strafgefangene zu nennen, erhalten auch heute noch keine grundsätzliche Anerkennung der Traumata. Häufig leiden traumatisierte Menschen zusätzlich zu ihren sozialen Traumafolgen an gesellschaftlicher Marginalisierung, Ausgrenzung oder sogar Missachtung (Brandmaier, Ottomeyer 2016).

Das Label Trauma impliziert zu oft eine Pathologisierung des Menschen und nicht des Ereignisses und beinhaltet damit eine Stigmatisierung und Etikettierung der Betroffenen. Vergessen wird häufig: Ein Trauma ist eine normale Reaktion auf ein unnormales Ereignis. In der Praxis kann z.B. eine Stigmatisierung deutlich werden, wenn Beschwerden von Klient*innen über eine Beratung oder Behandlung nicht ernst genommen werden und stattdessen darauf verwiesen wird, dass „Traumatisierte“ besonders empfindlich oder kritisch seien. Wenn dies seitens der Helfer*innen geschieht wird das eigene professionelle Verhalten nicht mehr kritisch reflektiert.

Tabelle 2: Übersicht Phasen und Methoden in der Traumaberatung

Phasen d. Unterstützung u. Schwerpunkte	**Methoden und Techniken**	**Fortlaufende Thematiken**
Erstkontakt, Kontakt herstellen, problemorientierter Überblick, Abbau möglicher motivationaler Probleme	Überweisungskontext berücksichtigen, Joining, eine angemessene Beziehung herstellen, Schwerpunkt Sicherheit, Leidensdruck u. Motivation skalieren, „Würdigung des Leids“	Analyse des initialen Impulses, Reflexion des Falls und der eigenen Befindlichkeit, innere und äußere Sicherheit unterstützen
Prozessuale Diagnostik, Berücksichtigung des Kontextes und der Kultur, Ausmaß der Traumatisierung, Ätiologische Diagnostik (Ursachen, Defizite, prolongierte Mangelerfahrungen, Konflikte, maligne Lernerfahrungen, Überforderung, zeitextendierter Stress, sozial/ökologische Einflüsse), Ressourcen- und Resilienzanalyse, Kontextanalyse (z. B. Netzwerkkarte), Kontinuumsanalyse, Betrachtung kritischer Lebensereignisse in der Zeitachse, Motivationale Klärung	der Fokus liegt auf der aktuellen Situation mit einer Analyse des lebensweltlichen/familiären Kontextes und des Hilfesystemkontextes, Hypothesenbildung, hypothetische Fragen, Fragebögen, Genogramm, Zeitleiste, Netzwerkkarten	Anamnese und Diagnostik, Analyse der Übertragungen und Gegenübertragungen, Hypothesen bilden und abklären, Ressourcenaktivierung
Krisenscreening	Suizidalität und andere besondere Gefährdungen (Medikamenteneinnahme, Süchte, Selbstverletzungen Aggressionsproblematiken) abklären und Vereinbarungen treffen, Affektregulation bei psychischer Dekompensation, Täterkontakt möglichst vermeiden	Dokumentation, mögliche krisenhafte Entwicklung proaktiv besprechen, Vereinbarungen überprüfen

Tabelle 2: Forts.

Phasen d. Unterstützung u. Schwerpunkte	Methoden und Techniken	Fortlaufende Thematiken
Innere und äußere Sicherheit unterstützen	imaginative Techniken einführen, sicherer Ort, imaginäre Helfer*innen installieren	Aufbau von Sicherheit und Halt im Beziehungen, Sicherheit, Schutz, Kontrollierbarkeit für die Klient*innen, Wahlfreiheit bieten
Schaffung eines Netzwerkes – wer unterstützt? Wege der Unterstützung und Heilung erörtern, Unterstützung durch das Gesundheitssystems, eventuell mit Medikamenten	Absprachen der Helfenden, z.B. Vermittlungen in eine Traumatherapie, Achtsamkeitstraining, Ausmaß von Bewegung und Sport absprechen, tiergestützte Arbeit, therapeutisches Klettern u.a. absprechen	Transparenz herstellen, Partizipation stärken
Auftragsklärung, Klärung der Ziele, Vereinbarungen treffen	Erwartungsabfragen, Zielhierarchie und Zielstruktur klären, Wahl der Maßnahmen erörtern	Aufträge klären, Stressreduzierung
Psychoedukation, Erhöhung des Bewusstseins und Akzeptanz der Erkrankung durch Aufklärung bei den Betroffenen und Angehörigen	Informationen vermitteln, normalisieren, umdeuten, mögliche „fehlerhafte Vorstellungen“ über die Störung ansprechen	Erklärung und Normalisierung, Angehörige einbeziehen, „Würdigung des Leids“
Eventuell Imaginationsübungen	Behälterübungen zum wegpacken des Traumas, Sicheren Ort installieren	Vermittlung von Strategien zur Emotionsregulierung und Selbstfürsorge, Risiken und Nebenwirkungen reflektieren
Stressreduzierung, Konflikte reduzieren, Deeskalation	Achtsamkeitstraining, Atemübungen, Konflikte klären (üben im Rollenspiel)	Stressreduktion, Transparenz
Stärkung des Netzwerkes	Netzwerkanalysen,	soziale Kontakte stärken

Tabelle 2: Forts.

Phasen d. Unterstützung u. Schwerpunkte	**Methoden und Techniken**	**Fortlaufende Thematiken**
Partizipation, die Einbeziehung der Betroffenen absprechen	Partizipationsstufen besprechen,	Passende Partizipationsstufe berücksichtigen
Ressourcenfokussierung	Ressourcenorientierte Fragen und „Vorlagen“	Ressourcenorientierung
Rechtliche Hilfen, Entschädigungszahlungen einfordern	Täter-/Opferausgleich, Hilfen nach dem Opferentschädigungsgesetz klären, mögliche Vor- und Nachteile bedenken, Hilfen beim Antragstellen	Anerkennung des individuellen Leids durch andere, Sachlichkeit und Empathie
Eventuell Teilearbeit	Identifizierung der einzelnen Teile, Installierung weiterer hilfreicher Teile Umstrukturierungen	Teilearbeit, Immer wieder: Überprüfung der Ziele und der Diagnosen
Problematisches Bewältigungsverhalten, wie z.B. Schlafstörungen, Ängste, Panik, psychosomatische Probleme thematisieren und bearbeiten	Symptomanalyse, Triggeranalysen, Achtsamkeitsübungen, Körperempfinden und einen positiven Umgang mit dem Körper unterstützen	Achtsamkeit und Ermuntern, Selbsthilfe und Selbststärkung fördern, Klärung schwerer finanzieller Probleme
Hilfen zur Emotionsregulierung	Absprachen zur Prophylaxe treffen, Notfallkoffer, Dissoziationsstopp, Skills, regelmäßig üben lassen, Stärkung von im Hier und Jetzt verankerten Emotionen zur Aufrechterhaltung des Gegenwartsbezugs, Stärkung der Selbstwahrnehmung und von selbstfürsorglichen Handlungsweisen, Selbstberuhigung üben, z.B. mit Klopftechniken	Hausaufgaben, Verbesserung von Achtsamkeit, Hilfen zur Mentalisierung die Beweggründe anderer besser zu verstehen

Tabelle 2: Forts.

Phasen d. Unterstützung u. Schwerpunkte	**Methoden und Techniken**	**Fortlaufende Thematiken**
Trauer und Gefühlsarbeit	Reflexion von Verlusten von nicht gelebten Leben, Reflexion und Distanzierung von Schuldgefühlen und dem Gefühl, versagt zu haben oder sich ungenügend gewehrt zu haben	Reflexion der Lebensphasen, Anerkennung und Akzeptanz des geschehenen
Bindungskonzepte	Bindungsproblematik ansprechen eruieren und Beziehungen zum heutigen Kantakten und Kontext herstellen	Korrektur schwieriger Beziehungsmuster, Abschied in der Beratung früh thematisieren
Thematisieren des Bewältigungsverhaltens	Copingfähigkeiten aufbauen und stärken, Symptome vermindern helfen, Stärkung der Bewältigungskompetenzen, Verbesserung der Wahrnehmung und des Ausdrucks eigener Bedürfnisse, Reflexion mentaler Zustände mit einer Stärkung der Fähigkeit zur Perspektivenübernahme	Erarbeitung eines Erklärungsmodells für die Entstehung des Traumas und möglicher Chronifizierungen der komplexen Symptomatik, Verhaltenstherapeutische Methoden, Erarbeitung neuer Strategien und Handlungsalternativen im Umgang mit aktuellen Problemen, Verminderung von Vermeidung- und Fluchtstrategien, Intrusionen und Albträumen

Tabelle 2: Forts.

Phasen d. Unterstützung u. Schwerpunkte	Methoden und Techniken	Fortlaufende Thematiken
Leben mit und nach dem Trauma, unterstützende Hilfen zur Integration des Traumas in die eigene Biografie, wie kann ein „gutes Leben“ aussehen?	Eigene Einschätzung besprechen (als Opfer, als Überlebender), Thematisierung gesellschaftlicher interpersoneller Macht und Ausschlusskontexte von traumatisierten Menschen. Was bedeutet Leben nach dem Trauma? Einsatz der „Keine Wunder-Frage“	Verbesserter Umgang mit Gefühlen zum Abbau existenzieller Verunsicherung, Angst und Scham
Abschlussphase	Verabschiedung, Bilanz ziehen, Zukunftsaussichten erörtern, Unterstützung bei weiteren Krisen besprechen	Weiterführung der Entwicklung von Zukunftsperspektiven, weitere Stärkung zwischenmenschlicher Kontakte und Ressourcen

Soziale Arbeit hat sich zum Ziel gesetzt, gesellschaftliche Strukturen in ihre Betrachtung von Phänomen einzubeziehen. Eine wesentliche Kompetenz in der Sozialen Arbeit ist es, gesellschaftliche Missstände nicht in individualistische Probleme umzuwandeln (von Spiegel 2008: 105). In Bezug auf die Anerkennung des Leids der traumatisierten Menschen und einer Entstigmatisierung und Entetikettierung der Betroffenen stehen die psychosozialen Helfer*innen hier vor Herausforderungen. Der Gefahr der Pathologisierung, Individualisierung, Stigmatisierung und Defizitorientierung sollte durch systematische und permanente Selbstreflexion, insbesondere unter Hinzuziehung von kollegialer Beratung und Supervision, sowie durch die Aneignung von neuen fachlichen Erkenntnissen entgegengetreten werden.

Benötigt wird zudem eine Enttabuisierung von Trauma und Gewalt. Gerade Kinder und Jugendliche benötigen Informationen über Kindeswohlgefährdung und Gewalt als gesellschaftliches Problem (Schwerwath, Friedrich 2012), auch um sich bei eigener Betroffenheit zu entlasten.

Eine bedeutsame Rolle für die Gesundung der Betroffenen beinhaltet die Situation nach dem Trauma. Die „Opfer" benötigen Anerkennung und Unterstützung, um sich nicht fremd innerhalb ihrer sozialen Umwelten zu erleben. Oftmals empfinden sie jedoch die Abwehr bzw. offenes leugnen und In-Frage-Stellen der Gewalt als weitere Demütigung. Deshalb ist die Anerkennung der Schuld und der Täterschaft besonders wichtig. Manchmal erfüllt eine strafrechtliche Verfolgung der Täter*innen diese Funktion. Allerdings beinhaltet das Einlassen auf die strafrechtliche Verfolgung wiederum erhebliche Risiken einer Retraumatisierung. Daher sind die Gesellschaft und die psychosozialen Helfer*innen herausgefordert in der Konfrontation mit den „Überlebenden" diese oft unfassbare, unsagbare Realität anzuerkennen. Oft sei es daher besonders schmerzhaft, so Brandmaier und Ottomeyer (2016), auch in einem professionellen Hilfekontext dem Leugnen der erlittenen Gewalt, zu begegnen. Für den Heilungsprozess von traumatisierten Menschen ist es von wesentlicher Bedeutung, wie sich die Umwelten zum individuellen Leid der Betroffenen verhalten. Psychosoziale Arbeit muss daher gesellschaftliche Machtverhältnisse, soziale Positionierung soziokultureller Einstellungen reflektieren und engagiert im Sinne der Betroffenen handeln.

Wenn ein Trauma als ein rein intrapsychischer Prozess betrachtet wird, verleugnet man die gesellschaftlichen Dimensionen (Gebrande 2021). Eine soziale Dimension von Trauma weitet die Perspektive somit auch auf eine rechtliche und gesellschaftliche Anerkennung des Leids, sowie einer Bestätigung der Glaubwürdigkeit traumatisierten Menschen. Wie mit den Opfern seitens der Gesellschaft umgegangen wird, ob sie Anerkennung und Zuwendung bekommen oder ob sie sequenziell traumatisiert, stigmatisiert und entwertet werden, ist für die Erholung oder die Ausbildung von schweren Traumasymptomen und einer Chronifizierung entscheidend.

Einige weitere Herausforderungen für die psychosoziale Arbeit sollen kurz benannt werden:

- Bereits 2005 weist Gahleitner darauf hin, dass traditionelle Vorstellungen von Männlichkeit und männlicher Sexualität, das Tabu Mütter oder Frauen als Täterinnen zu sehen und ein homophobes Klima in weiten Teilen der Bevölkerung, es Jungen und Männern erschwert, ihre Erfahrung als Opfer sexueller Gewalt wahrzunehmen, zu akzeptieren und mitzuteilen. Dies hat sich bis heute wenig verändert. Diese Haltung wird auch heute noch Berater*innen und Therapeut*innen beeinflussen.
- Wichtig ist es die Opfer/Überlebenden bei Tabuisierungen und Opferbeschuldigungen mit einer oftmals folgenden Produktion von Schuld- und Schamgefühlen zu entlasten. Als ein Beispiel sei darauf verwiesen, dass sexuelle Gewalt zwar auch auf der Straße oder anderen Orten ausgeübt wird, jedoch in der Regel Familienangehörige oder Bekannte die Täter, und manchmal auch die Täterinnen, sind. Fokussiert wird jedoch in der Prävention immer noch zu sehr auf den Fremden als Täter. Solche Mythen führen immer noch dazu, dass sexuelle Gewalt zu sehr als individuelles Schicksal und zu wenig als komplexes gesellschaftliches Phänomen begriffen wird.

- In Bezug auf sexuelle Traumatisierungen kommt eine viktimisierende Kultur[65] hinzu, in der Tendenzen zur Opferbeschuldigung zu konstatieren sind, Sexismus bagatellisiert wird und eine Strafverfolgung meist erfolglos und jedoch für die Opfer sehr belastend ist. Eine viktimisierende Kultur fördert durch das Bagatellisieren und das Verschweigen alltäglichen Sexismus oder körperlicher und sexualisierter Gewalt in Beziehungen oder Institutionen eine Opferbeschuldigung.
- Weiterhin zeigt sich das Problem, dass wenn Opfer von sexueller Gewalt eine Anzeige stellen, sie oftmals immer noch entwürdigenden und retraumatisierenden Verfahrensabläufen vor Gericht ausgesetzt sind. Oftmals wird Ihnen nicht geglaubt, bzw. ihre Aussagen werden massiv hinterfragt. Vielen Opfern im kirchlichen Kontext oder nach Aufenthalten in Heimen wurde die Glaubwürdigkeit über lange Jahre abgesprochen. Nicht nur das Leid wurde nicht anerkannt, auch der Prozess eine Entschädigung zu erreichen, war, und ist, immer noch häufig entwürdigend.
- Weiter zu reflektieren und zu erforschen sind die zirkulären Zusammenhänge zwischen Traumaerleben, psychosozialem Stress (z.B. durch eine desolate soziale Situation nach einem Trauma, spätere Arbeitslosigkeit mit beengten Wohnverhältnissen, finanzieller Not, mangelnde unterstützende soziale Kontakte) und dem späteren langfristigen gesundheitlichen Wohlbefinden und dem sozialen Status. Die Lebensgeschichten von Opfern sexueller Gewalt durch z.B. Priester oder Erniedrigungen und körperliche Gewalt durch die Betreuer*innen in Kinderheimen weisen beispielhaft für viele Gruppen traumatisierten Menschen auf die vielfältigen langfristigen biopsychosozialen Folgen eines schweren Traumas für die Betroffenen ebenso hin, wie auf das Versagen vieler Institutionen.

65 Viktimisierung meint zum Opfer machend oder werdend, beschrieben werden die unmittelbaren Ursachen, Wirkungen und Folgen einer Straftat für das Opfer (primäre Viktimisierung), die mittelbaren Folgen im Zusammenhang mit der Beziehung zwischen dem Opfer und seinem sozialen Umfeld (Sekundäre Viktimisierung) oder den Instanzen der sozialen Kontrolle (tertiäre Viktimisierung).

Deutlich wird, dass diese Reviktmisierungsprozesse sehr komplex sind und die Fachkräfte vor intensive Herausforderungen stellen. Die Betroffenen brauchen psychosoziale Helfer*innen, die die Verzweiflung und die Symptome aushalten und die Gewalt und die Dramatik der Folgen (auch stellvertretend) anerkennen, um so die Realität anzunehmen. Einfühlsame Helfer*innen werden benötigt, um das erschütterte Selbst- und Weltverständnis zu akzeptieren, sonst bleibt das Trauma unfasslich und die Betroffenen fühlen sich fremd in einer sozialen Welt, die dieses Unrecht nicht anerkennt. Besonders bedeutsam ist dies insbesondere bei „man-made-disasters“, denn diese erschüttern in einem besonderen Ausmaß. Hier hilft auch die Verantwortungszuschreibung an die Täter*innen.

Literaturverzeichnis

Abt, S. (2018): Systemische Traumapädagogik in der Schule. In: ZSTB – Jg. 36 (1), Januar 2018, S. 28–40.

Andreatta, P; Unterluggauer, K. (2010): Das Phänomen der sekundären Traumatisierung. In: Wagner, R. (Hrsg.): Sekundäre Traumatisierung als Berufsrisiko? Konfrontation mit schweren Schicksalen anderer Menschen. Magdeburg, S. 47-60.

Asen, E. (2021): Mentalisierungs-informierte Systemische Therapie und ihre Evidenzbasis. In: KONTEXT 52, 1, S 7–20.

BAfF e.V. (2017): Traumasensibler und empowernder Umgang mit Geflüchteten. Ein Praxisleitfaden. Berlin, Bibliographisches Institut GmbH, https://www.duden.de/rechtschreibung/notwendig [21.07.2022].

Beckrath-Wilking, U.; Biberacher, M.; Dittmar, V.; Wolf-Schmid, R. (2013): Traumafachberatung, Traumatherapie & Traumapädagogik. Paderborn.

Bering, R.; Schedlich; C.; Zurek, G. (2016): Psychotraumatologie und PTBS. In: DNP 17 (12), DOI: 10.1007/s15202-016-1490-9, S. 40–50.

Berking, M. (2017): Training emotionaler Kompetenzen. 4., korrigierte Aufl., Berlin.

Beushausen, J. (2013): Gesundheit und Krankheit in psychosozialen Arbeitsfeldern. Göttingen.

Beushausen, J. (2019): Sekundäre Traumatisierung bei Angehörigen. Soziale Arbeit, DZI, 9.2019, S. 329–334.

Beushausen, J. (2020): Beratung lernen. 2. aktualisierte Aufl., Opladen, Berlin, Toronto.

Beushausen, J.; Schäfer, A. (2021): Traumaberatung in psychosozialen Arbeitsfeldern. Eine Einführung für Studium und Praxis. Opladen, Toronto.

Bolm, T. (2015): Mentalisierungsbasierte Therapie. München.

Bordé, R. u.a. (2011): Psychoedukation und Angehörigenarbeit. In: Möller, H. u.a. (Hrsg.): Psychiatrie, Psychosomatik, Psychotherapie. Berlin Heidelberg, S. 1036-1046.

Boszormenyi-Nagy, I.; Spark, G. (1981): Unsichtbare Bindungen. New York 1973, Stuttgart.

Bundesgemeinschaft der freien Wohlfahrtspflege (2023): Gesamtstatistik 2016 – Einrichtungen und Dienste der Freien Wohlfahrtspflege.

https://www.bagfw.de/veranstaltungen-alt/detailseiten-statistik-2016/detailseite-jugendhilfe, [23.03.2023].

Büttner, M. (2018): Hyposexuelle Störung oder „sexuelle PTBS“? In: Büttner, M. (Hrsg.): Sexualität und Trauma. Stuttgart.

Bråten, S. (2011): Intersubjektive Partizipation: Bewegung des virtuellen Anderen bei Säuglingen und Erwachsenen. Psyche, 65, S. 832-861, o.O.

Breymaier, B.; Schmid, M. (2016): Psychoedukation in der Traumapädagogik. E-Learning Kinderschutz, ECQAT Traumapädagogik, Lerneinheit 4, KJJP, Ulm.

Brandmaier, M.; Ottomeyer, K. (2016): Trauma und Gesellschaft. Zum Verhältnis von Bewältigung und Anerkennung. In.: Weiß, W.; Kessler, T.; Gahleitner, S. B. (Hrsg.): Handbuch Traumapädagogik. Weinheim, Basel, S. 342–350.

Brisch, K. H. (2008): Bindung, Gewalt gegen Kinder und Prävention. In: Der Gynäkologe. Volume 10, S. 833-838.

Brisch, K.H. (2014): Die Bedeutung von Bindung in Sozialer Arbeit, Pädagogik und Beratung in: Trost, A. (Hrsg.): Bindungsorientierung in der Sozialen Arbeit. Basel, S. 15-30.

Brisch, K. H. (2015): Bindungsstörungen. Stuttgart.

Brisch, K.H. (Hrsg.) (2022): Trauma und Bindung zwischen den Generationen. Vererbte Wunden und Resilienz in Therapie, Beratung und Prävention. Stuttgart.

Buber, M. (1923/2008). Ich und Du. Stuttgart.

Daniels, J. (2007): Neuropsychologische Theorie der Sekundären Traumatisierung. In: Zeitschrift für Psychotraumatologie, Psychotherapiewissenschaft und Psychologische Medizin, Heft 3. Verfügbar unter: http://www.sekundaertraumatisierung.de/uploads/assets/ZPPM.pdf [08.04.2017].

Daniels, J. (2008): Sekundäre Traumatisierung. Interviewstudie zu berufsbedingten Belastungen bei Therapeuten. In: Psychotherapeut. Heft 53, S. 100-107.

Daniels, J. (o.J.): Briefingpaper. Berufsbedingte Belastungen in der Traumaarbeit. Verfügbar unter: http://www.xn--sekundrtraumatisierung-54b.de/sfSimpleBlog/show/stripped_title/materialien-und-artikel.html [24.05.2022].

D`Amelio, R. (2010): Studienbrief: Krise und Krisenintervention. Version 2010. Universitätskliniken des Saarlandes. Homburg/Saar. http://www.uniklinikum-saarland.de/fileadmin/UKS/Einrichtungen/Kliniken_und_Institute/Medizinische_Kliniken/Innere_Medizin_IV/Patienteninfo/Psychologe/KriseninterventionSTUDIENBRIEF.pdf. [15.08.2019].

Diez Grieser, M.-T. (2022): Mentalisieren bei Traumatisierungen. Stuttgart.
Dudek, M. (2019): Traumafolgen nach anhaltender sexueller und anderer krimineller Gewalt. In: Seidler, G. H.; Freyberger, H. J.; Glaesmer, H.; Gahleitner, S. B. (Hrsg.): Handbuch der Psychotraumatologie, Stuttgart, 3. vollständig überarbeitete und erweiterte Auflage, S. 369-381.
Eichenberg, C.; Zimmermann, P. (2017): Einführung Psychotraumatologie. München, Basel.
Elbert, T.; Schauer, M. (2022): Epigenetisch gestützte Weitergabe von Trauma- und Gewalterfahrungen. In: Traumafolgen. Forschung und therapeutische Praxis. Hrsg.: Müller, J.; Grimmer, B.; Knaevelsrud, M.; Dammann, G., Stuttgart, S. 43–57.
Eckert, M.; Tarnowski, T. (2017): Stress- und Emotionsregulation. Trainingsmanual zum Programm Stark im Stress. Weinheim und Basel.
Figley, C.R. (1995): Compassion Fatique. Coping with Secondary Traumatic Stress Disorder in those who Treat the Traumatized. New York.
Fischer, S. (2016): Emotionen und Förderung der Emotionsregulation. Onlinematerialien ECQAT Traumapädagogik, Modul 2 Traumapädagogische Förderung der Selbstwirksamkeit im Alltag, Lerneinheit 3. Traumapädagogik.elearning-kinderschutz.de Universitätsklinikum Ulm.
Fischer, G.; Riedesser, P. (2020): Lehrbuch der Psychotraumatologie. 5., aktualisierte und erweiterte Auflage, München.
Furrow, J. L.; Palmer, G.; Johnson, S.; Faller, M. G.; Palmer-Olsen, L. (2022): Emotionsfokussierte Familientherapie. Paderborn.
Frey, C. (2007): Sekundärer traumatischer Stress bei den Helfenden. In: Maier, T., Schnyder, U. (Hrsg.): Psychotherapie mit Folter- und Kriegsopfern. Ein praktisches Handbuch. Bern.
Frommberger,U.; Keller, R.; Graul, J. (2023): Grundlagen der Traumatherapie. In: Keller, R..; Frommberger, U.; Graul, J. (Hrsg.): Praxishandbuch Traumatherapie. Diagnostik, ambulante und stationäre Behandlung, Rahmenbedingungen und Anwendungsbeispiele. München, S. 11-44.
Gebrande, J. (2021): Soziale Arbeit nach traumatischen Erfahrungen. Grundkenntnisse für den Umgang mit traumatisierten Menschen. Baden-Baden.
Glaesmer, H. (2018): Transgenerationale Übertragung traumatischer Erfahrungen. Wissensstand und theoretischer Rahmen und deren Bedeutung für die Erforschung transgenerationale Folgen des Zweiten Weltkrieges in Deutschland. In: Brähler, E.; Herzog, W. (Hrsg.): So-

zialpsychosomatik. Das vergessene Soziale in der psychosomatischen Medizin. Stuttgart.
Girrulat, H.; Stachowske, R. (2012): Werden die Missetaten der Väter heimgesucht bis ins dritte und vierte Glied? Drogenabhängigkeit und Familiengeschichte. In: Huber, M.; Plassmann, R. (Hrsg.): Transgenerationale Traumatisierung. Tagungsband zur BGTD-Tagung im September 2011 in Bad Mergentheim. Paderborn.
Gräbener, J. (2013): Basiswissen: Umgang mit traumatisierten Patienten. Köln.
Hanswille, R.; Kissenbeck, A. (2008): Systemische Traumatherapie. Konzepte und Methoden für die Praxis. Heidelberg.
Hanswille, R. (2019): Trauma und systemische Therapie. In: Seidler, G. H.; Freyberger, H. J.; Glaesmer, H.; Gahleitner, S. B. (Hrsg.): Handbuch der Psychotraumatologie, Stuttgart, 3. vollständig überarbeitete und erweiterte Auflage, S. 175-186.
Häusser, L. F. (2012): Empathie und Spiegelneurone. Ein Blick auf die gegenwärtige neuropsychologische Empathieforschung. In: Praxis der Kinderpsychologie und Kinderpsychiatrie. 61(5), S. 322-335, Göttingen.
Hafke, C. (1996): Nachdenken über den Opferbegriff. In: Gestalttherapie 2/1996, S. S. 54–63.
Hantke, L.; Görges, H.J. (2012): Handbuch Traumakompetenz. Basiswissen für Therapie, Beratung und Pädagogik, Paderborn.
Heedt, T. (2017): Psychotraumatologie. Traumafolgestörungen und ihre Behandlung. Stuttgart.
Hecker, T., Maercker, A. (2015): Komplexe posttraumatische Belastungsstörung nach ICD-11. In: Psychotherapeut. Volume 60, S. 547-562.
Hecker et al. (2020): Traumaforschung. In: Egle, U.T.; Heim, C.; Straus, B.; von Kanel, R. (Hrsg.): Psychosomatik – neurobiologisch fundiert und evidenzbasiert. Ein Lehr- und Handbuch. Stuttgart, S. 209-216.
Herzog, P.; Kaiser, T.; de Jongh, A. (2023): Wie Mythen der traumafokussierten Psychotherapie eine adäquate Versorgung erschweren. Ein Plädoyer zur Implementierung evidenzbasierter Verfahren in Deutschland. In: www.psychotherapeutenjournal.de, 1/2023, S. 30-36. https://www.psychotherapeutenjournal.de/ptk/web.nsf/gfx/0AD61EBC7B70B5E2C125897400146ADE/$file/Psychotherapeutenjournal%201-2023.pdf [19.03.2023].
Höft, A.; Saupe, L.; Sansen, L.; Neuner, F. (2017): SHELTER Trauma, E-Learning Kinderschutz, Vorlage Arbeitsblatt C.3: Psychoedukation, Universität Bielefeld.
Huber, M. (2020): Trauma und die Folgen. Trauma und Traumabehandlung Teil 1, Paderborn, überarbeitete Neuauflage.

Huber, M. (2023): Trauma und die Folgen. Trauma und Traumabehandlung Teil 2, Paderborn, überarbeitete Neuauflage.

Hülshoff, T. (2017): Psychosoziale Interventionen bei Krisen und Notfällen. München.

Jegodtka, R. (2016): Sekundäre Traumatisierung. In: Weiß, W.; Kessler, T.; Gahleitner, S. (Hrsg.): Handbuch Traumapädagogik. Weinheim, Basel, S. 139-151.

Jegodtka, R.; Lütjens, P. (2016): Systemische Traumapädagogik. Traumasensible Begleitung und Beratung in psychosozialen Arbeitsfeldern. Göttingen.

Jungmann, T.; Reichenbach, C. (2009): Bindungstheorie und pädagogisches Handeln. Ein Praxisleidfaden. Dortmund.

Karameros, A., Sack, M. (2022): Grundstrategien in der psychotherapeutischen Behandlung. In: Sack, M; Sachsse, U.; Schellong, J.: Komplexe Traumafolgestörungen. Diagnostik und Behandlung von Folgen schwerer Gewalt und Vernachlässigung. S. 233–249.

Klappstein, K.; Kortewille, R. (2020): Traumatisierte Kinder im Alltag feinfühlig unterstützen. Psychoedukation im Überblick. Wiesbaden, https://doi.org/10.1007/978-3-658-32058-4 [08.04.2022].

Klees, K. (2018): Traumasensible Paartherapie. Mit dem Traum(a)-Haus-Konzept aus der Beziehungskrise. Paderborn.

Kirsch, H. (2014): Das Mentalisierungskonzept in der Sozialen Arbeit. Göttingen

Korittko, A. (2011): Wenn Kollegen und Familien mitleiden…. Sekundäre Auswirkungen und systemischen Lösungswege nach berufsbedingter Traumatisierung bei Polizei, Feuerwehr und Rettungsdienst, S. 1-7. Verfügbar unter: http://www.alexanderkorittko.de/downloads [08.04.2022].

Korittko, A. (2016): Der gute Grund im Dort und Damals. Traumasensible pädagogische Arbeit mit Familien. In: Weiß, W.; Kessler, T; Gahleitner S. B. (Hrsg.): Handbuch Traumapädagogik. Weinheim, Basel, S. 184-192.

Korittko, A. (2021): Posttraumatische Belastung bei Kindern und Jugendlichen: Erkennen, verstehen, lösen. Das Elternbuch. Heidelberg.

Korittko, A.; Pleyer, K. H. (2016): Traumatischer Stress in der Familie. Systemtherapeutische Lösungswege. Göttingen.

Lemke J. (2013): Sekundäre Traumatisierung. Klärung von Begriffen und Konzepten der Mittraumatisierung. 3. Aufl. Kröning.

Minuchin, S. (1992): Familie und Familientherapie. Theorie und Praxis struktureller Familientherapie. 2. Aufl. Freiburg.

Peichl, J. (2018): Integration in der Traumatherapie. Vom Opfer zum Überlebenden. Stuttgart.

Petermichl, E. (2012): Sekundäre Traumatisierung im Kontext Sozialer Arbeit mit Flüchtlingen. Aktuelle Copingstrategien in Bezug auf die Thematik. Coburg. https://zks-verlag.de/wp-content/uploads/Elisa beth-Petermichl-Sekund%C3%A4re-Traumatisierung-im-Kontext-Sozialer-Arbeit-mit-Fl%C3%BCchtlingen-Online.pdf [18.03.2020].

Petzold, H. (1993): Integrative Therapie. Modelle, Theorien und Methoden für eine schulenübergreifende Psychotherapie. 3 Bände. Paderborn.

Petzold, H. (2022): Krise, Trauma, Trauer, Trostarbeit – Materialien, Konzepte und Entwicklungen von Hilarion G. Petzold aus der Integrativen Therapie, Beratung und Supervision. In: SUPERVISION: Theorie – Praxis – Forschung. Ausgabe 11/2022, https://www.fpi-publikation.de/supervision/11-2022-petzold-h-g-2022n-krise-trauma -trauer-trostarbeit-materialien-konzepte-und-entwicklungen-von-hila rion-g-petzold-aus-der-integrativen-therapie-beratung-und-super vision/ [29.03.2023].

Plener, P. (2018): Intervention bei eskalierender Gewalt. Modul 3: Fremdgefährdung. Lerneinheit 3. KJPP, Universitätsklinikum Ulm, shelter-notfall.elearning-kinderschutz.de [02.07.2022].

Preitler, B. (2018): Psychosoziale Betreuung von traumatisierten Flüchtlingen. Balanceakt zwischen extremem posttraumatischem Leid und akuten Belastungen. In: Riffer, F.; Kaiser, E.; Sprung, M.; Streibl, L. (Hrsg.): Das Fremde: Flucht – Trauma – Resilienz. Aktuelle traumaspezifische Konzepte in der Psychosomatik. Berlin, Heidelberg, S.83–94.

Reinshagen, J. (2016): Trauma pädagogische Familienhilfe. Alltagsentlastendes in traumatisierten Systemen. In: Weiß, W.; Kessler, T.; Gahleitner, S. B. (Hrsg.): Handbuch Traumapädagogik. Weinheim, Basel, S. 193-199.

Schäfer, I., Lotzin, A. (2019): Die komplexe Posttraumatische Belastungsstörung. In: Seidler, G. H., Freyberger, H. J.; Glaesmer, H.; Gahleitner, S. B. (Hrsg.): Handbuch der Psychotraumatologie. Stuttgart, S. 227-237.

Scherwath, C.; Friedrich, S. (2012): Stabilisierung und Selbstfürsorge im Helfersystem als Schutz vor Sekundärer Traumatisierung. In: Scherwath, C.; Friedrich, S. (Hrsg.): Soziale und pädagogische Arbeit bei Traumatisierung. München; Basel, S. 179-196.

Schwarzer, S. (2010): Prävention der Sekundären Traumatisierung. In: Wagner, R. (Hrsg.): Sekundäre Traumatisierung als Berufsrisiko? Konfrontation mit schweren Schicksalen anderer Menschen. Magdeburg, S. 61-70.

Sendera, A.; Sendera, M. (2013): Sekundäre Traumatisierung – Besonderheiten der Sekundären Posttraumatischen Belastungsstörung. In:

Sendera, A.; Sendera, M. (Hrsg.): Trauma und Burnout in helfenden Berufen. Erkennen, Vorbeugen, Behandeln – Methoden, Strategien und Skills. Wien, S. 79-87.

Spiegel, H., von (2008): Methodisches Handeln in der sozialen Arbeit. Grundlagen und Arbeitshilfen für die Praxis. München, Basel.

Rauwald, M. (2013): Vererbte Wunden. Transgenerationale Weitergabe traumatischer Erfahrungen. Basel.

Rauwald, M.; Quindeau, I. (2013): Mechanismen der transgenerationalen Weitergabe elterlicher Traumatisierungen. In: Rauwald, M. (2013) Vererbte Wunden. Transgenerationale Weitergabe traumatischer Erfahrungen. Weinheim, Basel, S. 66-76.

Reicherts, M. (2014): Emotionale Offenheit und Emotionsregulation in der sozialtherapeutischen Arbeit mit jungen Menschen. Ein neuer Ansatz. Coburg.

Reddemann, L. (2003): Imagination als heilsame Kraft. Zur Behandlung von Traumafolgen mit ressourcenorientierten Verfahren. Stuttgart.

Reddemann, L. (2004): Eine Reise von 1000 Meilen beginnt mit dem ersten Schritt. Seelische Kräfte entwickeln und fördern. Freiburg.

Reddemann, L. (2007): Psychodynamisch Imaginative Traumatherapie. PITT – das Manual. Stuttgart.

Reddemann, L. (2015): Kriegskinder und Kriegsenkel in der Psychotherapie. Folgen der NS-Zeit und des Zweiten Weltkrieges erkennen und bearbeiten – Eine Annäherung. Stuttgart.

Retzmann, L. (2021): Therapeutisches Klettern mit Kindern und Jugendlichen mit komplexen Traumatisierungen. Handlungsempfehlungen für eine traumasensible Praxis. Höchberg. Verfügbar unter: https://zks-verlag.de/therapeutisches-klettern-mit-kindern-und-jugendlichen-mit-komplexen-traumatisierungen/ [22.07.2022].

Rießinger, S.: Sekundäre Traumatisierung und der Umgang mit Überlastungsphänomenen. Vortrag zum Fachtag der Hans-Wendt-Stiftung am 19.02.2011, http://www.tanja-rode.de/daten/pdf/v-vortrag-kongress-2011-indirekte-traumatisierung.pdf [08.09.2018].

Sänger, R.; Udolf, M. (2013): Transgenerationale Traumaweitergabe im Kinder- und Jugendhilfesystem – Auswirkungen und Umgang. In: Rauwald, M. (2013): Vererbte Wunden. Transgenerationale Weitergabe traumatischer Erfahrungen. Weinheim und Basel, S. 139-148.

Schellong, J. (2022): Diagnostische Klassifikation von Traumafolgestörungen. In: Sack, M; Sachsee, U.; Schellong, J. (Hrsg.): Komplexe Traumafolgestörungen. Diagnostik und Behandlung von folgenschwerer Gewalt und Vernachlässigung. Stuttgart, 2. aktualisierte und ergänzte Neuauflage, S. 60–85.

Scherwath, C.; Friedrich, S. (2012): Stabilisierung und Selbstfürsorge im Helfersystem als Schutz vor Sekundärer Traumatisierung. In: Scherwath, C.; Friedrich, S. (Hrsg.): Soziale und pädagogische Arbeit bei Traumatisierung. München; Basel, S. 179-196.

Schickedanz, H. (2012): Die Bedeutung der Epigenetik bei der transgenerationalen Weitergabe von (Kindheits-)Traumen und deren Folgen. In: Huber, M.; Plassmann, R. (Hrsg.): Transgenerationale Traumatisierung. Tagungsband zur BGTD-Tagung im September 2011 in Bad Mergentheim. Paderborn.

Schubert, C. (2015): Psychoneuroimmunologie und Psychotherapie. Stuttgart, 2. Auflage.

Siegler, R.; Eisenberg, N.; de Loache, J.; Saffran, J. (2016): Entwicklungspsychologie im Kindes- und Jugendalter. Berlin, Heidelberg.

Simon, F. B. (1995): Unterschiede, die Unterschiede machen. Klinische Epistemologie: Grundlage einer systemischen Psychiatrie und Psychosomatik. Frankfurt a. M., 2. Auflage.

Spangler, G., Zimmermann, P. (2011): Vorwort. In: Spangler, G., Zimmermann, P. (Hrsg.): Die Bindungstheorie. Grundlagen, Forschung und Anwendung. Stuttgart, S. 9-14.

Spork, P. (2017): Gesundheit ist kein Zufall. Wie das Leben unsere Gene prägt. Die neuesten Erkenntnisse der Epigenetik. München.

Stoltenborgh, M.; Bakermans-Kranenburg, M.J.; Lenneke R. A.; Alink; van IJzendoorn, M. H. (2015): The Prevalence of Child Maltreatment across the Globe: Review of a Series of Meta-Analyses. In: Child Abuse Review [online]. 24(1), S. 37–50. Verfügbar unter: doi:10.1002/car.2353 [20. 07.2022].

Tagay, S.; Schlottbohm, E.; Lindner, M. (2016): Posttraumatische Belastungsstörung. Diagnostik, Therapie und Prävention. Stuttgart.

Taubner, S. (2015): Konzept Mentalisieren. Eine Einführung in Forschung und Praxis. Gießen.

Treibel, A.; Gahleitner, S.B. (2019): Häusliche Gewalt. In: Seidler, G. H.; Freyberger, H. J.; Glaesmer, H.; Gahleitner, S. B. (Hrsg.): Handbuch der Psychotraumatologie, Stuttgart, 3. vollständig überarbeitete und erweiterte Auflage, S. 447-460.

Trost, A. (2015): Bindungsorientierung in der Klinisch-therapeutischen Sozialen Arbeit. In: Lammel, U. A., Jungbauer, J., Trost, A. (Hrsg.): Klinisch-therapeutische Soziale Arbeit. Grundpositionen – Forschungsbefunde – Praxiskonzepte. Dortmund. S. 45-62.

Trost, A. (2021): Bindungswissen für die systemische Praxis – ein kurzer Abriss. In: KONTEXT 52, 3, S. 224–242.

Tullius, R. (2020): Die Bedeutung von Emotionsanalyse und Entspannungstechniken für den Stressabbau. In: Schuster, E.M; Werner, St. (Hrsg.): Sozialtherapie Impulssteuerung. Emotionsbezogene Handlungskonzepte in der Sozialen Arbeit. Stuttgart, S. 128-138.

Unfried, N. (2013): Biologische und neurobiologische Hintergründe der Traumatisierung. In: Rauwald, M. (Hrsg.) Vererbte Wunden. Weinheim, Basel.

Van der Kolk, B.A. (2019): Verkörperter Schrecken. Traumaspuren in Gehirn, Geist und Körper und wie man sie heilen kann. Lichtenau/Westfalen, 6. Aufl.

Van der Kolk, B.A. (2000): Trauma und Gedächtnis. In: Van der Kolk, B.A.; McFarlane, A.C.; Weisaeth, L. (2000): Traumatic Stress. Grundlagen und Behandlungsansätze. Erweiterte deutsche Ausgabe hrsg. von Märtens, M.; Petzold, H.G. Paderborn, S. 221 – 240.

Wagner, E.; Russinger, U. (2016): Emotionsbasierte systemische Therapie. Intrapsychische Prozesse verstehen und behandeln. Stuttgart.

Weiß, W. (2021): Phillip sucht sein Ich – Zum pädagogischen Umgang mit Traumata in den Erziehungshilfen. Weinheim, 9. Aufl.

Wesuls R.; Heinzmann T.; Brinker L. (2005): Professionelles Deeskalationsmanagement (ProDeMa). Praxisleitfaden zum Umgang mit Gewalt und Aggression in den Gesundheitsberufen. Stuttgart, Karlsruhe: Unfallkasse Baden-Württemberg.

Wettig, J. (2009): Schicksal Kindheit. Berlin, Heidelberg.

Witt, A.; Brown R.C.; Plener, P.L.; Brähler, E.; Fegert, J.E. (2017): Child maltreatment in Germany: Prevalence rates in the general population. In: Child and Adolescent Psychiatry and Mental Health [online]. 11, 47. Verfügbar unter: doi:10.1186/s13034-017-0185-0 [20.07.2022].

Wolf, C. (2018): Sind Traumata ansteckend? In: Spektrum.de. Ausgabe vom 05.03.2018 unter: https://www.spektrum.de/news/sind-traumata-ansteckend/1534611 [03.03.2022].

Wolfisberg, I. (2009): Stabilisierende Therapeutische Ansätze mit traumatisierten Menschen in der Integrativen Therapie und in der Psychodynamischen imaginativen Traumatherapie nach Luise Reddemann. https://www.fpi-publikation.de/polyloge/05-2009-wolfisberg-i-stabilisierende-therapeutische-ansaetze-mit-traumatisierten-menschen/ [03.03.2022].

Zäske, H.; Baumann, A.; Gaebel, W. (2005): Das Bild des psychisch Kranken und der psychiatrischen Behandlung in der Bevölkerung. In: Gaebel, W.; Möller, H.-J.; Rössler, W. (Hrsg.): Stigma – Diskriminierung – Bewältigung. Der Umgang mit sozialer Ausgrenzung psychisch Kranker. Stuttgart, S. 56–83.

Ziegler, E. (2008): Angehörigenarbeit unter dem Focus klinischer Sozialarbeit. Oder: Was kann ich als AngehörigeR eines psychisch erkrankten Menschen von Klinischer Sozialarbeit erwarten? Online verfügbar:

http://www.vaskzuerich.ch/media/archive2/Vortrag_Elke_Ziegler.pdf [10.05.2022].
Zimmermann, D. (2015): Migration und Trauma. Pädagogisches Verstehen und Handeln in der Arbeit mit jungen Flüchtlingen. Gießen.